Francis D. Pelton (Franz Oppenheimer)
Sprung über ein Jahrhundert

Francis D. Pelton
(Franz Oppenheimer)

Sprung
über ein Jahrhundert

Herausgegeben von Claudia Willms
Mit einem Vorwort von Klaus Lichtblau

Quintus

BIBLIOTHECA FRAENGERIANA, Bd. II
Herausgegeben von der Wilhelm-Fraenger-Gesellschaft e. V.
www.fraenger.net

Orthografie und Grammatik des Originaltextes wurden
behutsam an den heutigen Standard angepasst.

Der Quintus-Verlag ist ein Imprint des
Verlages für Berlin-Brandenburg
www.quintus-verlag.de

1. Auflage 2017
© Verlag für Berlin-Brandenburg, Inh. André Förster
Binzstraße 19, D–13189 Berlin
www.verlagberlinbrandenburg.de

Umschlag: Ralph Gabriel, Berlin, unter Verwendung des Um-
schlages der Erstausgabe von *Sprung über ein Jahrhundert* (1934),
Collage von Max Bill und Binia Bill © VG Bild-Kunst, Bonn 2017
Satz: Ralph Gabriel, Berlin
Druck und Bindung: Art-Druck, Szczecin

ISBN 978-3-947215-01-0

Inhalt

Klaus Lichtblau
Vorwort

Wenn sich jemand auf eine ‚Zeitreise' begibt, flüchtet er gewissermaßen von seiner eigenen Gegenwart. Letztere kann trostlos oder inzwischen auch langweilig geworden sein, wie dies nicht nur im Laufe der letzten Jahrhunderte wiederholt der Fall gewesen ist. In dem utopischen Roman *Sprung über ein Jahrhundert*, den Franz Oppenheimer 1934 unter dem Pseudonym Francis D. Pelton in einem Schweizer Verlag veröffentlichte, vermischen sich gleich mehrere Motive dieser Art. Zum einen war ihm bewusst, dass er im Anschluss an Karl Marx und Friedrich Engels selbst Vertreter eines ‚wissenschaftlichen' Sozialismus war. Zum anderen begleitete Franz Oppenheimer ein Leben lang die Sehnsucht nach einer ‚Utopie', die sich in dem Roman *Altneuland* von Theodor Herzl auch tief in die Geschichte des modernen Zionismus eingegraben hat.

Oppenheimer war ein enger Wegbegleiter von Herzl und hat mit diesem unter anderem über ein zentrales Kapitel von dessen literarischer Utopie *Altneuland* korrespondiert. Ferner verband ihn seine Liebe zur Literatur mit der Tradition des utopischen Romans, die von Thomas Morus, Tommaso Campanella und Francis Bacon in der frühen Neuzeit begründet worden ist und die ihre Fortsetzung in den frühsozialistischen Utopien des 19. Jahrhunderts fand, von der sich Karl Marx und Friedrich Engels ‚ideologiekritisch' abgegrenzt hatten.

In Oppenheimers Fall stellt sich die Lage etwas anders dar. Einerseits war er als promovierter Mediziner und jahrelang praktizierender Arzt dem naturwissenschaftlichen Erkenntnisideal verpflichtet. Andererseits bewegte sich das von ihm ausgemalte Ideal einer Siedlungsgemeinschaft von freien und gleichen Brüdern an der Grenze zwischen Wissenschaft und Utopie. Dies war auch der Grund, warum er sich anlässlich des Scheiterns eines seiner Siedlungsprojekte in seinem 1899

erschienenen Aufsatz *Die „Utopie" als Thatsache* vehement
von dem Vorwurf abgrenzte, nur literarische Illusionen mit
seinen verschiedenen Projekten in die Welt zu setzen. Auch
das Schicksal seines 1911 begonnenen Siedlungsprojektes in
Merchavia in Palästina, das damals noch zum Osmanischen
Reich gehörte, war nicht von der Art, dass man von einer Er-
folgsgeschichte sprechen kann.

Umso wichtiger waren für Oppenheimer die Siedlungsprojekte, die er in der Weimarer Republik in Deutschland in
Angriff nahm und die bis zum Zeitpunkt der nationalsozialis-
tischen Machtergreifung von einem gewissen Erfolg gekrönt
waren. Ähnlich wie im Falle seiner Siedlungsgenossenschaft
in Merchavia waren es allerdings erneut politische Gründe,
die zum Scheitern dieser Projekte führten. Dies sollte uns allerdings nicht vorschnell dazu verleiten, Oppenheimer in die
Tradition der meist ebenfalls gescheiterten ‚Projektemacher'
zu stellen, wie sie im 17. Jahrhundert massenhaft in Westeuropa auftraten und denen Daniel Defoe, selbst Verfasser
eines utopischen Romans, eine einschlägige Abhandlung widmete. Vielmehr hatte Oppenheimer gute Gründe, von der Re-
alisierbarkeit seines Programms einer Siedlungsgenossenschaft
überzeugt zu sein, in der endlich eine ausschließlich auf dem
Leistungsprinzip beruhende, genossenschaftlich orientierte
Marktwirtschaft zum Zuge kommen würde.

In dieser Hinsicht steht Oppenheimer in der von Adam
Smith begründeten Tradition des wirtschaftlichen Liberalismus. Oppenheimer wurde aber nicht müde, die Kerngedan-
ken von Smith mit den in den westeuropäischen Strömungen des neuzeitlichen Sozialismus entwickelten Vorstellungen
einer gerechten Gesellschaft in Übereinstimmung zu bringen.
Dieses lebenslange Bestreben hat ihm den Ruf beschert, einer
der Begründer der sozialen Marktwirtschaft zu sein, wie sie
sein Schüler Ludwig Erhard nach dem Zweiten Weltkrieg zunächst in den westdeutschen Besatzungszonen und anschließend in der 1949 gegründeten Bundesrepublik Deutschland

zu realisieren versuchte. Man könnte Oppenheimer unschwer aber auch in die Tradition eines liberalen Sozialismus bzw. eines Sozialliberalismus stellen, da er selbst diese Begriffe für sein Programm der Gesellschaftsreform immer wieder in Anspruch nahm.

Es ist hier nicht der Platz, um über solche Etikettierungen mehr Worte als notwendig zu verlieren. Tatsächlich entziehen sich Oppenheimers Werk und seine verschiedenen Siedlungsprojekte solchen parteipolitischen Strömungen, wie sie sich im Laufe des 19. Jahrhunderts in Westeuropa herausbildeten. Auffallend ist jedoch, dass eine der utopischen und messianischen Vorstellungen, denen sich Oppenheimer viele Jahre lang verpflichtet fühlte, in seinem Zukunftsroman *Sprung über ein Jahrhundert* nicht mehr vorkommt, nämlich die Gründung eines jüdischen Staates in Palästina. Stattdessen wiederholt er seine bereits während des Ersten Weltkrieges entwickelte Idee, dass nur ein unter der Führung von Frankreich und Deutschland vereintes Westeuropa in der Lage sei, eine gesellschaftliche Organisationsform zu entwickeln, in der die wirtschaftlichen, politischen und sozialen Krisen seiner Zeit endlich der Vergangenheit angehören. Seine Mahnung, dass nur ein sich am Modell der Schweizer Eidgenossenschaft orientierendes Staatenwesen in Palästina Aussicht auf dauerhaften Erfolg haben würde, lässt sich cum grano salis allerdings auch auf seine Vision eines Vereinigten Europas übertragen. Insofern ist Oppenheimers utopischer Roman *Sprung über ein Jahrhundert* auch ein Sprung, der uns nicht nur in die Probleme des israelisch-palästinensischen Dauerkonfliktes, sondern geradewegs auch in die fragliche Zukunft des europäischen Einigungsprojektes führt.

Aschaffenburg, im Juli 2017

Klaus Lichtblau, 1951 geboren, Professor a. D. für Soziologie an der Johann Wolfgang Goethe-Universität Frankfurt am Main.

Rechts: Originaltitelseite der ersten Auflage aus dem Jahr 1934, die neben dem Synonym Franz Oppenheimers „Francis D. Pelton" auch einen angeblichen Übersetzer des Textes aus dem Englischen, Robert Holl, ausweist.

Sprung
über ein Jahrhundert

Von

Francis D. Pelton

Nach dem Englischen
von
Robert Holl

Gotthelf-Verlag Bern — Leipzig

Aus der vierten Dimension

Hans Bachmüller lüftete vorsichtig die dunkle Brille und blickte auf das beleuchtete Zifferblatt. Neunzig! Er schob den Regulator behutsam nach links, immer weiter nach links, und sah den Zeiger langsamer und immer langsamer über das Milchglas gleiten. Als die Hundert erreicht war, drückte er auf den mit „Stop" bezeichneten Knopf, nahm die Brille ab und zog die Uhr. Punkt 12 Uhr hatte er auf „Forward" gestellt, jetzt war es 12.36 Uhr. Hundert in wenig mehr als einer halben Stunde! Alle Achtung!

Wie froh war er, dass er die Vorsicht hatte walten lassen, zuerst eine Reihe langsamer Probefahrten zu machen. Kein menschliches Auge hätte es ohne Schutz ertragen, alle Sekunden etwa sechzehnmal „Paradieseshelle" mit „tiefer, schauervoller Nacht" wechseln zu sehen, und kaum ein menschliches Gehirn hätte es ausgehalten, Sonne, Mond und Sterne diesen wahnsinnigen Cancan am Firmament ausführen zu sehen. Das war im Planetarium ganz ergötzlich, ja sogar für einen solchen Freund der Sterne leise komisch anzuschauen gewesen, als der Operateur die Maschinerie auf höchste Geschwindigkeit einstellte, und die Sonne, in den seltsamsten Bögen und Schleifen umtanzt von ihren Planeten, witsch-witsch, fortwährend über die schwarze Wölbung sauste, im Westen verschwand und augenblicklich im Osten wieder erschien. Aber in Wirklichkeit? Ihn schauerte, und zugleich musste er lächeln. Denn er sah plötzlich leibhaftig den guten alten Professor Schmiedle vor sich, wie er seinen übermütigen Tertianern den *Taucher* vorschwäbelte, heilig überzeugt von seiner Kunst als Deklamator: „Und der Mensch versuche die Götter nicht, und begehre niemer und niemer ze schaue." Er stieg ab und versuchte, um sich zu blicken.

Zuerst verweigerten ihm die geblendeten Augen den Dienst. Er musste sie schließen und die Hand dagegen drücken. Aber als er nach einem guten Weilchen durch die Wimpern zu blinzeln wagte, erblickte er, zuerst noch schattenhaft durch einen Tränenschleier, dann immer deutlicher um sich die vertraute Heimat: das holde Hügelland, grün in grün, Wiesen, Weinberge, Felder, Wälder, dahinter nordöstlich den Jura, die weißen Kreideabstürze der schwäbischen Alb, und, weit im Westen verblauend, hinter dem sanft ansteigenden Hochland der Baar, die Ketten des Schwarzwaldes. Nichts hatte sich geändert, nur schien der Wald dichter und grüner. Beseligt nickte er den geliebten Gestalten zu. Aber – wo war die Stadt geblieben?

Da stand die Marienkirche, wie sie seit Jahrhunderten gestanden hatte; wie immer leuchtete es blau durch das zarte Gitterwerk des gotischen Turmes; da stand auch der Petersdom mit seinem klotzigen romanischen Glockenturm – aber: Wo war die *Stadt*? Wo waren ihre schmalen, hochgiebligen Häuser, wo ihre engen Straßen? Und wo waren die *Dörfer*? Rudolfingen, Winslingen, Großsachsen, Weißendorf, Dreibrücken? Das ganze weite Tal war in einen einzigen Garten verwandelt, nein, verzaubert, aus dessen Grün überall rote Ziegel- und blaue Schieferdächer herausschauten. Nirgends ein Fabrikschornstein! Hier und da ein größeres Gebäude, selten ein Hochhaus, ein Wolkenkratzer, wie er sie in New York gesehen hatte. Nur viel eleganter, schnittiger; sein Baumeisterauge war befriedigt; sie standen gut in der Landschaft, die sie beherrschten, wie einst die Kirchen, denen sie nicht unähnlich waren: nur, dass die krönenden Türme bis oben hinauf helle Fensterreihen zeigten.

Er starrte hin, verwirrt, sozusagen ungläubig; er versuchte, sich an bekannten Punkten zurechtzufinden. Ja, da strömte der Fluss in den alten Ufern, überspannt von den alten und einigen neuen Brücken; da ragte der dreieckige Waldzipfel des Wodenloch wie immer in die Felder vor, da stand das uralte Kapellchen, und dort, bei Gott, das breite Gebäude, das war der Gasthof „Zum roten Ochsen". Alles so vertraut – und doch so fremd! Wie wenn man nach zwanzig Jahren einen Schulkameraden aus der Vorschule wiedertrifft; man erkennt sich gleich, aber was ist aus dem Büble geworden!

Ein Bahnzug bog um die bekannte Kurve, wo einst Winslingen gewesen war. „Sieh da", sagte er zu sich selbst, „kein Rauch! Also haben sie das Bähnle elektrifiziert, und soviel ich von hier erkennen kann, Stromlinienwagen. War zu erwarten, wahrscheinlich mit Propeller. Und die vielen Autostraßen!" Das weite Gelände war von breiteren und schmäleren Straßen wie von einem Netz überspannt; wo die Sonne sie traf, warfen sie spiegelnde Reflexe. „Schöner Belag", sagte er laut, „muss ein hübsches Geld gekostet haben." Schnelle Wagen flitzten hin und her, schlanke Autos: An ihnen hatte sich äußerlich nicht viel geändert. Aber durch die Luft schwirrten, und zwar lautlos! seltsame Riesenvögel, Flugzeuge von ganz fremdem Bau.

Eine Hand berührte seine Schulter. Er fuhr herum und sah vor sich einen starken, breitschulterigen Burschen von etwa zwanzig Jahren, der ihn aus blauen Augen halb misstrauisch, halb belustigt musterte. „Ja Männle, wo kommst denn du daher?" Es war die Sprache der Heimat. „Ich hab' dich ja nicht kommen sehn. Kommst zum Kostümfest im „Ochsen"? Großartig siehst aus, als wärst du dem vorigen Jahrhundert entsprungen." Er wand sich vor Lachen. „Die Knöpfe, die tausend Knöpfe! Und der Strick um den Hals! Wie haben die Leutchen nur schnaufen können!?" Er selbst trug den muskulösen Hals frei, ein kurzes Wams, vorn mit Reißverschluss, und ein kniefreies Beinkleid, gehalten von einem feingearbeiteten Gürtel aus silberfarbigem Metall, beide aus weißem, glänzendem Stoff: Das war sein ganzes um und an. „Also: Wo kommst du her? Und wie kommst du her? Komisches Flugzeug! Kann man damit überhaupt hochkommen? Ist das etwa auch aus dem vorigen Jahrhundert?"

Bachmüller musste lachen. „Damit breche ich jeden Rekord. Und woher ich komme? Ich will dir's verraten. Aus der Zeit."

„Spaßvogel!" Aber es klang drohend. Das schwäbische Temperament war offenbar noch das alte.

„Ernstvogel!", war die Erwiderung. „Wart ab, wirst schon sehen, pass auf!"

Er stieg in den Sattel, drückte auf „Forward" und drehte den Hebel ganz wenig nach rechts. Eine Minute später schien ihm die sinkende Sonne ins Gesicht, dann war es tiefe Nacht. Er schaltete um, drehte nach links, hatte wieder einen Augenblick die Sonne von vorn und stand nach wenigen Sekunden wieder vor dem maßlos erstaunten Jungen.

„Herrgottsakrament", sagte der. „Es scheint doch noch Hexenmeister zu geben? Oder hast du Siegfrieds Tarnkappe? Du warst weg und wieder da, eh ich Muck sagen konnte."

„Vierte Dimension!", sagte Bachmüller lässig. „Hast du in der Schule nicht gelernt, dass die Zeit die vierte Dimension ist?"

Der andere sah ihn ängstlich an: „Ich verstehe nicht."

„Du wirst alles verstehen. Aber sieh, ich habe nur eine Kehle, und die würde es nicht aushalten, wenn ich jedem einzelnen Red' und Antwort stehen müsste. Ich bin hergekommen, um zu antworten, aber vor allem, um zu fragen. Was ich zu sagen habe, will ich gern im Rundfunk der ganzen Welt, aber eben auf einmal und ein für alle Male mitteilen. Und dann will ich die Leute fragen, die mir Auskunft geben können. Ich bin sozusagen ein Forschungsreisender – aus der Zeit in die Zeit."

„Ist recht! Ein Schwindler bist du nicht, und Zauberer gibt's nicht. Ich rufe den Vorstand an."

Er wandte sich dem Hause zu, das im Hintergrunde des großen Gartens unter hohen Kastanien und Linden lag.

„Einen Augenblick! Ich möchte zuerst meine Maschine unter Schloss und Riegel bringen. Die kann für Neugierige gefährlich werden. Keine Angst! Sie beißt nicht und sie geht auch nicht los. Wohin?"

Sie schoben die Maschine in einen Schuppen, dessen Tür verschlossen wurde. Den Schlüssel steckte der Junge ein.

Dem Hause lag eine breite Veranda vor, hübsch mit bunten Fliesen gepflastert, zur Hälfte mit Glas gedeckt, mit Windschutz aus hohen Fenstern zu beiden Seiten. Rosen, Glyzinen und Geißblatt rankten sich herum. Korbsessel und Ruhebetten standen umher; auf einem runden Holztisch war eine feingearbeitete Silberschale voll prächtiger Erdbeeren. In der Mitte der Hausfront neben der eichenen Eingangstür las Hans ein Metallschild mit dem Namen „Hans Bachmüller". Sie traten in eine geräumige Vorhalle. „Ist das dein Name, Landsmann?"

„Nein, meines Vaters. Ich heiße Fridolin; alter alemannischer Lieblingsname, nach dem Schottenmönch aus Irland, der unsere Vorfahren taufte. Und wie heißt du?"

„Hans Wanderer – aus der Zeit in die Zeit."

Der junge Mensch trat vor einen an der Wand angebrachten Apparat, der dem Telefon der früheren Zeit einigermaßen ähnlich war, nur dass darüber eine Art von Spiegel befestigt war, und rief mehrere Zahlen hinein. Nach kurzer Pause erschien auf der Spiegelplatte lebensgroß und in voller Lebensfarbe ein gewaltiges vollbärtiges Haupt, ein Herrengesicht mit blitzenden blauen Augen, und eine tiefe Stimme sagte: „Tag, Fridl, was ist?"

„Herr Vorstand, da ist ein Fremder, nennt sich Wanderer, sieht ehrlich aus. Er war auf einmal in unserem Garten mit einem Flugzeug, das gar nicht aussieht wie ein Flugzeug. Sagt, er kommt aus der vierten Dimension. Er kann sich unsichtbar machen."

„Fridl, Fridl, hast du einen über den Durst?"

„Bei Gott, Onkel Hermann, Herr Vorstand, ich hin nüchterner als ein Fisch. Was ich gesehen habe, habe ich gesehen. Aber konfus bin ich, das gebe ich zu, und weiß nicht, was ich denken soll. Der Mann ist vor meinen Augen verschwunden wie Nebel und war zwei Minuten darauf wieder da, ohne dass ich eine Bewegung sah oder auch nur einen Lufthauch spürte. Darf ich ihn dir bringen?"

„Kann ich ihn sehen?"

„Er steht neben mir."

Hans Bachmüller trat vor den Spiegel. Das mächtige Auge musterte ihn finster, aber dann wurde es freundlicher: „Du bist einer von uns?"

„Jeder Tropfen Blut. Meine Leute stammen von hier."

„Also: Was faselt der Junge?"

„Er faselt nicht im Mindesten."

„Du behauptest, aus der vierten Dimension zu kommen?"

„Aus der Zeit, die die vierte Dimension ist."

„Versteh ich nicht!"

„Herr Vorstand, wenn einer unserer Vorfahren vor diesen Apparat gestellt würde, wenn er mit jemandem Auge in Auge sprechen könnte, der Gott weiß wo ist, er würde es auch nicht verstehen. Der berühmte Unsterbliche der Pariser Akademie hat das Grammophon für Schwindel gehalten, und noch im Jahre 1900 hat fast niemand daran geglaubt, dass der Mensch würde fliegen können."

„Also ein neues technisches Wunder?"

„Richtig."

„Gut, ich will dich sprechen. Fridl, bist du da?"

„Zur Stelle, Herr Vorstand!"

„Du bist frei?"

„Hatte heute Frühdienst."

„Hast du einen Wagen?"

„Ja, meinen alten Renner!"

„Gut, ich erwarte euch."

Das Bild verschwand, Fridolin führte den Gast zum Gartentor, vor dem ein langes, niedriges Auto stand. Beide stiegen ein, der Junge berührte den Anlasser, und der Wagen glitt schnell über die glatte Straße.

Er lenkte in eine breitere Straße und schaltete größere Geschwindigkeit ein. Der Wagen flog nur so dahin. Nach wenigen Minuten hielt er vor einem Hochhaus.

„Die Provinzialregierung. Alle Abteilungen und Behörden in dem einen Gebäude. Spart viel Zeit und Arbeit."

Sie traten in eine große Halle, auf die sich die Türen zahlreicher Fahrstühle öffneten, deren einen sie betraten. Fridolin nickte dem jungen Führer zu:

„Tag, Michel, wie geht's?"

„Danke bestens! Wohin?"

„Zum Vorstand."

Der Fahrstuhl schoss aufwärts. Beim vierzigsten Stockwerk hielt er. Einen Augenblick später stand Bachmüller vor dem Vorstand, der sich vom Schreibtisch her ihm zuwandte und aufstand. Ein Riese, hoch und breit. Bachmüller musste an den schwäbischen Ritter denken, von dem Uhlands lustige Ballade erzählt: „Zur Rechten sah man wie zur Linken einen halben Türken heruntersinken." Dem Manne hätte der schwere Zweihänder gut in den gewaltigen Händen gelegen.

„Du nennst dich Wanderer?"

„So nenne ich mich. Aber Sie gestatten mir …"

„Einen Augenblick! Ich fange fast an zu glauben, dass du aus der Zeit, aus der Vor-Zeit kommst. Ich bin nur *eine* Person, und für dich die zweite. Warum sprichst du in der dritten Person, und gar in der Mehrzahl zu mir? *Den* Zopf haben wir uns längst abgeschnitten. Das passte in eine Zeit, wo es Herren und Knechte gab; heute gibt es nur noch Freie und Gleiche." Er lachte höhnisch. „Der Herr Geheime Rat haben befohlen, Gnädige Frau wünschen. Pfui Teufel! Ich bitte ‚gehorsamst' um die vernünftige Anrede."

„Danke für die Belehrung. Verzeih einem Fremden, Herr Vorstand. Also: Ich nannte mich Wanderer, aber ich heiße anders. Hier mein Pass."

Der Riese schlug das braune Heftchen auf. Langsam und laut las er vor: „Hans Bachmüller, Ingenieur, geboren am 4. Februar 1899." Fridl stieß einen kleinen Schrei aus. Der Vorstand nickte ihm ernst zu. „Das ist der Pass deines Urgroßonkels, der vor etwa hundert Jahren so geheimnisvoll und so spurlos verschwand. Wie kommt das Ding in deinen Besitz?"

„Ist das Passbild so unähnlich, Herr Vorstand?"

Die strengen Augen verglichen prüfend Bild und Mann. „Fabelhafte Ähnlichkeit." Er stöhnte es fast. „Zug um Zug, Gesicht und Tracht. Entweder bist du der größte Verwandlungskünstler der Welt, oder du bist …"

„Hans Bachmüller, Ingenieur, geboren am 4. Februar 1899."

„Mensch, wir haben heute den 16. Juni 2032. Du müsstest ein Urgreis sein mit deinen hundertdreiunddreißig Jahren, und du siehst aus wie ein Dreißiger."

„Ich sagte dir schon am Telefon: ein neues technisches Wunder. Ich habe die Zeitmaschine gefunden; lass mich erzählen!"

Die Zeitmaschine

Hans Bachmüller nahm auf dem Sessel Platz, den ihm der Vorstand anwies, und begann:

„Ich lebte als Einsiedler in dem Häuschen, das ich mir gebaut hatte. Ich weiß nicht, ob es noch steht."

„Es steht noch", flüsterte Fridolin atemlos. „Im Hintergarten. Du konntest es nicht sehen. Es ist Vaters Laboratorium."

„So, freut mich. Habt ihr den Safe gefunden? Nein? War auch gut versteckt. Wir wollen ihn heute Abend öffnen. –

Also: Ich floh die Welt, in der zu leben ich verurteilt war. Zuerst der Weltkrieg; ich war ein Knabe, als er ausbrach, kam aber im Jahre 18 noch an die Front. Vater und ein Bruder waren gefallen, Mutter hat's nie verwunden. Dann die Jahre nachher. Hunger, Inflation, Deflation, Weltkrisis, alle Völker verarmt, alle gegeneinander verhetzt, Krieg und Bürgerkrieg bald hier, bald dort. Nirgends fester Boden unter den Füßen, Gewalt, Tyrannei, Fanatismus."

Der Vorstand nickte bedächtig. „Wir wissen Bescheid über die wahnwitzige Welt vor der Erlösung. Ihr verhungertet vor vollen Scheuern, ihr gingt in Lumpen, während Wolle, Baumwolle und Seide in den Speichern verdarben, weil niemand sie kaufen konnte. Ihr glaubtet an nichts mehr, nicht an die Wissenschaft, die verirrt war, nicht an das Recht. Verlaufene Kinder, zurückgefallen in die Barbarei der Steinzeit, aber mit Waffen, die ganze Völker mit einem Schlage ausrotten konnten. Pfui Teufel! Brandbomben und Giftgas auf die Städte! Frauen und Kinder zu Tausenden gemordet! Die Herrschaft des Teufels! Wir, die wir glücklich genug sind, ins Reich Gottes zurückgefunden zu haben, lernen davon in der Schule, um uns umso inbrünstiger segnen zu können."

„Ihr seid im Bilde, wie ich sehe. Ich kann mir also die Einleitung sparen. Wie gesagt: Ich lebte fast als Einsiedler. Ich war Witwer. Wieder zu heiraten fehlte mir der Mut. Wer konnte für Frau und Kinder einstehen?! Ich hatte mir ein paar Pfennige gespart, hatte mein Häuschen und meinen Garten, der mich nährte, meine Bücher und meine Geige. Ich hielt es mit Goethe: ‚Glücklich, wer sich vor der Welt ohne Hass verschließt!' Den Nachbarn, die ich nur selten sah, galt ich als harmloser Sonderling.

Eines Tages beschloss ich, mir einen Felsenkeller anzulegen, um den selbstgebauten Wein meines kleinen Weinberges zu lagern. Hinter meinem Garten liegt ein waldiger Hügel, weißer Jurakalk, ich arbeitete mich mit der Spitzhacke hinein. Eines Tages stieß die Haue auf Eisen.

Ich war maßlos erstaunt. Die Stelle war wenigstens fünf Meter vom Eingang entfernt; über mir waren gewiss vierzig bis fünfzig Meter schierer Kalk. Nirgends ein Spalt, geschweige denn eine Höhle; ohne Zweifel: Ich war mitten im gewachsenen Fels. Wie kam da hinein metallisches Eisen? Mein geologisches Wissen versagte jämmerlich.

Nun, ich arbeitete weiter, aber jetzt natürlich sehr vorsichtig, fast nur mit Hammer und Meißel. Es dauerte viele Tage, bis ich den großen Apparat ganz freigelegt hatte, den der gute Fridl für ein Flugzeug halten musste. Dass es sich um eine recht komplizierte Maschine handelte, war mir bald klar. Aber umso größer war mein Staunen. Ein Menschenwerk mitten im gediegenen Jurakalk, der es umwachsen hatte? Es gab nur die eine Erklärung, dass es im Jurameer versunken gewesen. Aber damals gab es noch keine Menschen! Oder sollte Hörbiger mit seiner Lehre von den mehrfachen Sintfluten recht haben, in denen regelmäßig fast die ganze Menschheit zugrunde ging?"

„Ist uns auch bekannt", sagte der Vorstand. „Die Erde zog einen Planeten nach dem anderen als ihren Trabanten an sich und zuletzt in sich hinein. Je näher er rückte, umso höher wurde die Flut, bis sie alle Hochgebirge zweimal am Tage überschwemmte."

„Richtig! Ich fand auf und neben der Maschine das Skelett eines Menschen, zuerst den langköpfigen Schädel mit zierlichem Kiefer; es war also ein Mensch unserer Rasse, keinesfalls einer der Tierschnauzenmenschen aus dem Chelléen oder noch früherer Zeit. Und später fand ich eine goldene Uhr mit dem Stempel ‚I. C. Wilson, London, 1886‘, einen altmodischen Revolver aus Suhl und ein Bund Schlüssel, außerdem Knöpfe, ein Taschenmesser und eine Feldflasche aus Aluminium. Liegt alles im Safe.

Die Wahrheit ging mir allmählich auf. Und ich fand meine Meinung bestätigt, als ich den Apparat zum größeren Teil freigelegt hatte. Es war zweifellos die Zeitmaschine, von der der englische Fabier Wells uns berichtet hatte. Ihr kennt das Buch?“

Der Vorstand schüttelte den Kopf. Aber Fridolin rief: „Ich hab's gelesen. Professor Ullrich interessiert sich für Wells, weil er einer der wenigen war, die vor der Erlösung um die Lösung rangen. Er sprach von ihm in der Vorlesung über die Geschichte des Sozialismus. Ich las seine sozialen Utopien *Wenn der Schläfer erwacht* und *Menschen wie Götter* und kam dabei auch auf die *Zeitmaschine*. Die hat, so erzählt er, ein englischer Ingenieur erfunden. Zuerst machte er eine Reise in die Zukunft, erlebte schreckliche Abenteuer und sah zuletzt die Sonne fast erloschen und die erkaltete Erde nur noch von riesigen Krabben bewohnt. Glücklich in seine Zeit heimgekehrt, trat er die Fahrt in die Vergangenheit an – und kehrte nicht zurück.“

„Ja“, sagte Bachmüller. „Und ich kann dir sagen, wie er zugrunde ging. Er muss mit äußerster Geschwindigkeit gefahren sein, war unversehens tief im Jurameer, konnte den Hebel noch auf ‚forward‘ umstellen, denn so fand ich es, muss aber doch erstickt sein, vielleicht weil die Maschine unter Wasser nicht ganz so schnell arbeitete. Aber sie lief weiter, bis der Akkumulator erschöpft war, und das reichte hin, dass der Schlamm sie umschloss und zu Fels wurde. Und so fand ich den Unglücklichen und seinen Apparat. Pionierschicksal!“

„Aber! Wie kam er aus der Gegend von London zu uns nach Schwaben?“, fragte der Vorstand.

„Das habe ich mich auch gefragt. Ich denke, es lässt sich aus der Wegenerschen Theorie* erklären. Die Scholle, in der er versank, ist in den hunderttausenden von Jahren nach Süden gewandert. – Aber lasst mich zu Ende erzählen.

Die Maschine war in gutem Zustande. Natürlich war hier und da etwas Kalk in den Mechanismus geraten. Ich putzte sie sauber aus, brachte den Akkumulator in Schuss und fing an, sie zu probieren. Natürlich mit äußerster Vorsicht. Das Schicksal des Engländers warnte. Was ich zuerst festzustellen hatte war, ob meine eigene Lebenszeit ihren normalen Ablauf haben würde, während ich mit meiner Maschine in Vor- oder Nachzeit kam. Freilich hatte Wells berichtet, dass sein Held von der ersten Reise wohlbehalten zurückkam, obgleich er viele Millionen von Jahrhunderten in die Zukunft hineingereist war. Aber ich traute dem Frieden doch nicht ganz.

Meine erste kurze Probe machte ich bei geringster Geschwindigkeit mit meiner Taschenuhr. Wenn ich in die Vorzeit fuhr, und sie die Zeit mitmachte, musste sie offenbar rückwärts gehen und sich sozusagen selbsttätig alle vierundzwanzig Stunden aufziehen. Wenn ich umgekehrt vorwärts reiste, musste sie mit großer Geschwindigkeit ablaufen. Geschah nichts dergleichen, so war das immerhin ein Zeichen dafür, dass der Mensch auf der Maschine und sein Zubehör in dessen eigener Zeit blieben. Nun, die Uhr ging wie gewöhnlich.

Dann wagte ich es mit etwas größerer Geschwindigkeit, etwa drei Minuten pro Jahr, rückwärts zu reisen, während ich mein Gesicht in einem aufmontierten Spiegel betrachtete. Ich war dreiunddreißig, der Spiegel hätte mir also nach etwa einer Stunde mein unbärtiges Knabengesicht zeigen müssen. Aber immer schaute mir unverändert mein Bart entgegen;

---

* Gemeint ist die von dem deutschen Geowissenschaftler und Polarforscher Alfred Wegener (1880–1930) aufgestellte Theorie der Kontinentaldrift.

ich legte den Hebel um und fuhr über meine Jahre hinaus bis siebzig, bis achtzig – kein graues Haar, keine Runzel, keine Zahnlücke! Da entschloss ich mich zu der Reise aus der Zeit in die Zeit.

Heute Mittag nach meiner Zeit, präzis um zwölf Uhr des 21. Juni 1932, stieg ich in den Sattel mit der Absicht, genau hundert Jahre in die Zukunft zu reisen, um zu sehen, was aus der Welt des weißen Mannes geworden ist. Volle Vernichtung oder Rettung aus den Schrecknissen meiner Zeit? Ich muss gestehen, die Sorge überwog die Hoffnung."

„Es sind nicht genau hundert Jahre", sagte der Vorstand. „Wir haben heute erst den 16. Juni."

„Nun, ich kann wohl einen Moment zu früh auf ‚Stop' geschaltet haben. Und außerdem: Ich habe nicht festgestellt, ob die Uhren auf Schaltjahre berechnet sind. Wahrscheinlich nicht! Das hätte die Sache sehr kompliziert und hätte wenig Zweck gehabt, denn die Zeitmaschine rechnet mit Jahrhunderten und Jahrtausenden. Kurz und gut: Ich stand plötzlich in meinem alten Garten vor dem verdutzten Fridl, meinem teuren Urgroßneffen – und da bin ich, Herr Vorstand! Das ist mein ganzer Bericht. Ich habe nichts mehr zu sagen, sondern nur noch, und zwar unendlich viel, zu fragen."

Der Vorstand erhob sich und streckte ihm die Hand hin: „Ich glaube dir und danke dir, – Vetter! Meine Mutter ist eine Bachmüller. Aber zum Antworten habe ich jetzt keine Zeit. Der Dienst geht vor. Ich schlage dir vor, zunächst mit dem Fridl eine Rundfahrt im Flugzeug zu machen, um ein erstes Gesamtbild der neuen Welt zu bekommen. Das Regierungsflugzeug steht zur Verfügung. Dann wirst du bei Fridls Eltern speisen, wirst ein vorbildliches Heim der neuen Gemeinschaft kennenlernen. Morgen früh wirst du lesen, wie alles kam, wirst sehen, was und wen du willst, und wirst deine Ansprache vor dem Rundfunk ausarbeiten. Eine Viertelstunde will ich dir freimachen, von 20 Uhr bis 20.15, um der ganzen Welt, merke wohl, *der ganzen Welt* noch einmal zu erzählen, was wir soeben gehört haben. Alle Sender werden sich diese Sensation zunutze machen, des Mannes, der aus der vierten Dimension kommt. Nach dem Vortrag kommt ihr alle zu mir. Ich werde dir Leute einladen, die dir auf deine Anfragen antworten können – es sei denn … Aber du kennst das Sprichwort?" Seine Augen tanzten.

„Von dem einen Narren und den zehn Weisen", lachte Bachmüller. „Kennimus."*

„Dann: Auf Wiedersehen!"

---

* Umgangssprachlich für „von etwas Kenntnis haben".

Die neue Welt

„Wie soll ich dich nun nennen? Urgroßonkel? Ein bisschen lang, finde ich."

„Weißt du, Onkel dürfte ausreichen, Hans wäre mir noch lieber."

„Topp, Hans." Fridl schlug kräftig in die dargebotene Hand. Aus der Tür des Fahrstuhls trat Michel.

„Hiermit stelle ich dir meinen Urgroßonkel vor, Hans Bachmüller. Das ist Michel Großkopf, Assistent am Historischen Museum. Du, Hans, da kommt dein Pass hin. Wird eine Hauptsehenswürdigkeit. Erstens, weil es dein Pass ist, du Mann aus der Vorzeit, und zweitens, weil es überhaupt ein Pass ist. Das gibt's nämlich nicht mehr."

„Grüß Gott, Herr – Urgroßonkel", sagte Michel lachend. „Der Fridl steckt immer voller Witze."

„Wart's ab, Chaib! Morgen erlebst du dein blaues Wunder. Zum Flugdach!"

Der Aufzug trug sie noch einige Stockwerke empor; sie traten auf ein weites, flaches Dach hinaus, das nach drei Seiten kaum merklich anstieg. Auf der einen Seite überragte es der turmartige Aufsatz des Hochhauses noch um eine Anzahl von Stockwerken. Mehrere Flugzeuge standen in Bereitschaft.

„Das Regierungsflugzeug. Auftrag des Vorstandes", rief Fridolin.

„Zur Stelle", erwiderte ein kräftiger Dreißiger im Fliegerdress. „Soeben hat der Herr Vorstand angerufen. N'Tag, Fridl."

„N'Tag, Gottlieb. Mein Verwandter, Ingenieur Bachmüller, Gottlieb Klingenberg, Abteilungsvorstand im Physikalischen Institut. Rundfahrt, Gottlieb, wie üblich. Mal erst Westen."

Sie betraten eine behagliche, auf allen Seiten von lichten Fenstern erhellte Kajüte, der Pilot setzte sich ans Steuer, und die Maschine rollte lautlos über das Dach und stürzte sich wie ein Mauersegler ins Blaue.

„Tübingen", sagte der Pilot. Sehnsüchtig sah Bachmüller hinunter: „Ob die Bubenruthia* noch besteht?"

„Wohl, wohl, hat ihr Zweihundertjahrsjubiläum hinter sich", war die Antwort. Die Baar, Freudenstadt, der Schwarzwald, schon blinkte der Rhein empor. Überall das gleiche Bild. Die Städte kaum noch an ihrem alten Kern von Rathäusern und Kirchen erkennbar, die greulichen Vorstädte verschwunden, und der weite Umkreis mit Gartensiedlungen übersät. Das Flugzeug senkte sich tief; jenseits des Stromes reckte sich das Straßburger Münster in den Himmel. Pfeilgrad daraufhin ging der Flug.

„Wir kommen ja nach Frankreich hinein", rief Bachmüller erschrocken.

„Zunächst mal erst nach Lotharingien", sagte Fridl, „aber warum nicht auch nach Frankreich?"

„Lothringen? Das ist doch das Elsass! Und das ist doch leider französisch. Und – darf man denn?"

„Man darf! Es gibt keine Luftgrenzen mehr, weil es keine Landgrenzen mehr gibt. Vereinigte Staaten der Erde, Hans. Freizügigkeit der Menschen und der Güter, kein Zollbeamter mehr, kein Grenzschutz mehr, Freiheit, Hans, Freiheit!" Er rief es leuchtenden Auges. „Das ist die neue Welt, das ist unsere neue Welt, unsere erlöste Welt. Land, Luft und Meer sind frei, und frei ist der Mensch."

Hans Bachmüller faltete die Hände: „Gott sei gelobt und gepriesen. Das ist mehr, als ich in meinen kühnsten Träumen zu hoffen wagte. Ach, meine Zeit! Meine arge kranke Zeit! Immer mehr Grenzen, immer höhere Zollmauern, immer mehr Knechtschaft und Armut! Wussten's ja alle, die weisen Herren am Steuerruder der Staaten, was nottat, drechselten

---

* Gemeint ist die Tübinger Burschenschaft Bubenruthia.

die schönsten Reden auf ihren ewigen, ewig langen Kongressen und Konferenzen – und taten dann genau das Gegenteil. Wollte immer einer den anderen beschwindeln, immer sollte der andere vorleisten, und niemand dachte an nachleisten. Hast du mal von der Abrüstung gehört? Und wie sie unser armes Land am Narrenseil führten? Wir waren alle voller Abscheu vor dem Kriege aus dem Kriege heimgekommen, aus diesem sinnlosen Gemetzel, das alle ruinierte, mit heiligem Vertrauen auf die Friedensbotschaft des Präsidenten Wilson. Es sollte doch der letzte Krieg gewesen sein! Und wie hat man uns beschimpft und betrogen? Es sah ärger aus als je zuvor, als ich heute vor hundert Jahren abreiste, ärger in der Welt und leider auch ärger in unseren Herzen. ‚Lieber sterben als so weiter leben‘, dachten die meisten von uns, und allzu viele träumten von – Rache. Und jetzt – ich kann's kaum glauben." Er sah verzückt auf das blühende Land unter sich.

Gottlieb Klingenberg hatte mit großen Augen zugehört. Schon öffnete er den Mund, aber auf einen Wink Fridls schloss er ihn wieder.

„Wie ist's gekommen?", fragte Bachmüller.

„Welches Genie hat das zuwege gebracht? Es muss ein Riese gewesen sein, der all diesen aufgehäuften Schutt dummer, verhärteter Traditionen, diesen Mist veralteter Feindschaften aus dem Wege geräumt hat, ein Herkules in diesem Augiasstall."

Sie hatten inzwischen den Wasgenwald überflogen und folgten nun dem Laufe der Mosel. „Luneville, Nanzig", sagte Klingenberg. „Gehört jetzt alles zum Bundesstaat Lotharingien. Wir sind hinter den Vertrag von Meerssen zu dem von Verdun zurückgekehrt. Was zwölf Jahrhunderte hindurch blutig umkämpftes Gebiet war zwischen Frankreich und Deutschland, ist heute die feste Brücke zwischen beiden. Beide Sprachen gleichen Rechtes – und beide Sprachtümer haben dadurch gewonnen."

„Wie früher die Schweiz", sagte Bachmüller.

„Die Schweiz gehört längst dazu, und Luxemburg, Belgien und Holland auch. Es ist wirklich das alte Lotharingien, nur ohne Italien. Das ist einer der großen Bundesstaaten."

„Die anderen haben ihre Selbstständigkeit aufgeben müssen?"

„Selbstständigkeit? Hatten die kleinen Staaten früher Selbstständigkeit? Mussten sie nicht tanzen, wie die Großmächte und ihre Großbanken pfiffen? Hast du mal vom Weltkrieg 1914 flüstern hören?"

„Ein bissel", sagte Bachmüller lächelnd.

„Na, damals sperrten die Mächte alle Meere, und die Entente zwang die Kleinstaaten, auch die Schweiz und die Niederlande, alle Warenausfuhr nach den Feindländern zu unterbinden, und setzte ihnen überall Kontrollbehörden ins Land! Und Luxemburg war vom ersten Augenblick an von den Deutschen besetzt! Schöne Selbstständigkeit! Und nachher? Da brauchten die Kleinen Geld, viel Geld, und das kriegten sie nur, wenn sie kuschten und aus der Hand fraßen. Zum Beispiel das arme kleine Österreich, der Krüppel mit dem Wasserkopf, aber auch alle anderen. Wenn sie mal gegen den Stachel löcken wollten, dann zogen die Großen ganz sanft an der Goldschlinge, die die Kleinen sich hatten um den Hals legen lassen müssen; alle Banken purzelten übereinander, und die Pleite konnte nur durch neue Verzichte auf diese erhabene ‚Souveränität' einigermaßen gemildert werden – durch neuen Pump! Ach, die herrliche Selbstständigkeit von damals, die Gleichheit zwischen dem Tiger und dem kleinen Schakal, der ihm die Beute zutreibt, die Gleichheit zwischen dem Wucherer und dem Schuldner! War es so schwer, darauf zu verzichten?"

„Doch! Habe mal irgendwo gelesen, dass sogar das winzige Mecklenburg-Strelitz, ungefähr 100 000 Einwohner, trotz seiner erdrückenden Überschuldung seine Selbstständigkeit nicht hergeben wollte. Und wer lässt sich gern zwingen, selbst zu seinem Besten? Alte Tradition hat auch ihren Wert."

„Die alte Tradition hat niemand angetastet. Sie wird heut noch gepflegt, und treuer denn je, in Heimatgeschichte, Dialekt, Tracht, Folklore und Volksfesten, wie von jeher in den Schweizer Kantonen und in den Provinzen und Gauen aller anständigen Staaten. Und dann: *zwingen*? Die Kleinen traten natürlich in voller Freiwilligkeit bei. Sie schlossen sich dem Bunde an, weil sie an dem großen Markt teilhaben und von der großen Macht geschützt sein wollten. Sicherheit vor jedem feindlichen Einfluss, ja, vor jeder fremden Einwirkung: Das ist ein hübsches Stück Unabhängigkeit. Und der Reichtum, dessen sich alle Teilhaber eines großen Marktes erfreuen, das ist wieder ein hübsches Stück Unabhängigkeit. Aber genug geschwätzt; hier gibt's Seitenwinde aus den Eifeltälern." Das Flugzeug schwankte kräftig. „Schau, da rechts kommt die Saar herein. Wächst auch ein Guter. Und dort ist Trier. Die Hälfte haben wir. Jetzt geht's über Koblenz den Rhein hinauf und über Frankfurt-Stuttgart heim." Sie schossen durch die Bläue, schnurgerade über die Windungen der großen silbrigen Schlange fort, als die sich die Mosel darstellte. Das Ufertal ein einziger Garten und Weinberg.

„Ich fange an zu begreifen", sagte Bachmüller zu Fridolin. „Im Osten wird's ebenso sein. Der vermaledeite Korridor ..."

„Mit den Zollgrenzen verschwunden. Die Polen haben sich lange gesträubt. Kann man verstehen. Ihre staatliche Selbstständigkeit war noch so jung, und darum hingen sie umso fester an ihren alten Ideen und Traditionen. Aber sie kamen wirtschaltlich greulich ins Hintertreffen und begriffen bald, dass sie durch den Beitritt nichts zu verlieren und sehr viel zu gewinnen hatten. Jetzt gibt's auch im Osten so ein Zwischenland, wo beide Sprachen Landessprachen und sozusagen Muttersprachen aller sind. Also sprechen viel mehr Menschen als früher deutsch und doch viel mehr Menschen als früher polnisch. Wer nur einsprachig ist, ist wirtschaftlich benachteiligt. Darum hat sich auch das kerndeutsche Ostpreußen angeschlossen; es ist auf den polnischen

Markt angewiesen – und Danzig und Königsberg blühen wieder wie in der Hansezeit."

„Da ist aber Deutschland arg verkleinert!"

„Der *Staat*, ja! Aber das *Volk* ist fast völlig geeint, über all die alten Grenzen weg, auch die Südtiroler, wenn sie auch noch politisch zu Italien gehören. Die Deutschen überall, im Elsass, in Lothringen, in Österreich, in der Tschechoslowakei, in Polen bilden mit uns eine volkliche Einheit. Und die kleinen Splitter in Ungarn, Rumänien und Russland haben alle Freiheit, ihre Sprache und Eigenart zu pflegen. Der Staat aber: Was ist der Staat heute noch? Nichts als eine Verwaltungsabteilung der großen Einheit! Er hat keine anderen Aufgaben mehr. Der Grenzschutz ist überflüssig geworden, das Recht ist Weltrecht. Münze und Geldwesen, Land- und Luftverkehr, Post, Telegraph und Funkdienst: alles Angelegenheiten der Gemeinschaft; der Einzelstaat hat kaum noch eine andere Aufgabe als die einer gewissen Überwachung, dass die Gemeinden und Gaue das *Mindest*programm ihrer Aufgaben erfüllen. Was sie *mehr* leisten, in Straßenbau, Schule, Fürsorgewesen, Kunstpflege, Polizei und so weiter, das ist ihre Sache – sie haben es nur selbst zu bezahlen. Niemand hat ihnen dreinzureden. Die ganze Souveränität liegt jetzt bei den unteren Gliedern. Das ist das Freiheitssystem der neuen Welt."

„Aber die Regierung des Weltstaats?"

„Regierung? Kann man kaum so nennen. Die hat, hat mal einer gesagt, ungefähr die gleiche Machtvollkommenheit wie vor hundert Jahren die internationale geodätische Kommission, die Masse und Gewichte festlegte, oder wie der Weltpostverein und die europäische Eisenbahnkonferenz. Es sind Kammern von Sachverständigen, der besten aus allen Ländern, die über notwendige Änderungen des Rechts, des Verkehrs, der Hygiene und andere Dinge beraten. Die Anregungen und Vorschläge kommen in aller Regel von unten her, aus den Gemeinden, Gauen, Provinzen und Ländern, die immer sehr genau wissen, wenn und wo der Schuh sie drückt. Was sie nur allein angeht, ordnen sie immer selbst und selbstständig und tragen die Kosten allein. Nur die Dinge kommen an die oberste Spitze, die alle angehen. Und da einigt man sich in aller Regel ohne Schwierigkeiten, weil es die alten Zankäpfel nicht mehr gibt: Grenzfragen, Sprachenfragen, Prestigefragen und vor allem Zollfragen. Es gibt nur noch sozusagen technische Fragen, und da vertrauen wir uns ihnen als unseren Sachverständigen gerade so an wie unserem Arzt, wenn wir krank sind, oder unserem Baumeister, wenn wir was zu bauen haben. Von sich aus kann die Weltregierung nichts Neues anordnen; sie macht nur Vorschläge, die unten beraten werden; sie sind fast immer so durchdacht und reif, dass sie ohne Änderungen angenommen werden."

„Zum Beispiel?"

„Das gewaltige Wellenkraftwerk im südlichen Atlantik, das uns Millionen von Pferdekräften elektrischen Strom liefert, oder die Bewässerung von Teilen der Sahara, um das Klima Afrikas zu verbessern, oder die neue Postgebühren-Ordnung. Augenblicklich berät man das Projekt, die Straße von Gibraltar durch einen Staudamm zu sperren."

„Uralte Idee! Der Spiegel des Mittelmeers würde allmählich stark sinken, wenn der Zufluss aus dem Atlantik aufhörte, riesige Strecken fruchtbaren Landes würden gewonnen. Aber, ganz abgesehen von den technischen Schwierigkeiten und den unerschwinglichen Kosten: Es ging nicht, weil die Mächte sich den Zuwachs an Land und Macht nicht gönnten."

„Richtig! Aber die Technik hat Fortschritte gemacht, die Kosten spielen keine Rolle, wenn mehr Arbeit erspart als hineingesteckt wird, und die Eifersucht der Mächte gibt es nicht mehr. Wenn es technisch möglich ist, wird es gemacht werden, denn wirtschaftlich lohnt es sicher. Guck, da ist der Ehrenbreitstein." Das Flugzeug wendete sich scharf nach rechts, nach Süden. Der gewaltige Strom wimmelte von Schiffen, weißen Vergnügungsdampfern, schwarzen Schleppern mit langen Schiffszügen hinter sich, riesigen Flößen, Motor- und Ruderbooten. Brücke nach Brücke wurde überflogen.

„Wenn man bedenkt, dass Cäsar die erste Brücke über den Strom legte, bissel mehr als zweitausend Jahre ist es her. Damals war's ein Grenzgraben, über den barbarische Krieger setzten, um zu plündern, und jetzt …"

„Jetzt ist es eine Länderbrücke, einer der großen Wege des Handels und des Friedens", sagte Gottlieb. „Und trägt Deutsche und Franzosen, Belgier, Holländer und Schweizer und wen sonst noch auf seinem breiten geduldigen Rücken. Es gibt keine Hindernisse mehr zwischen der Nordsee und dem Bodensee; der Rheinfall von Schaffhausen ist durch das riesige Hebewerk umgangen. Es gibt keine Zölle und Schlagbäume mehr, und es gibt auch kein Niederwasser mehr. Dafür sorgen die Stauweiher an allen Quellströmen und Zuflüssen in den Alpen und in den Mittelgebirgen rechts und links. Nur gegen den Winterfrost gibt's noch immer kein anderes Mittel als den Eisbrecher."

„Mensch, mir schwindelt der Kopf. Technischen Fortschritt habe ich erwartet, dieser Stein war im Rollen. Aber eure ganze Ordnung in Staat, Gesellschaft und Wirtschaft: Werde ich das je verstehen? Das ist wirklich eine ganz neue Welt – für mich."

„Hast reichlich Zeit, Fremder. Und es gibt Leute, die dir alles besser erklären können als ich, der ich bloß ein lumpiger Physiker bin. Schließlich: Es ist alles so furchtbar einfach. Wirst selbst sehen. Wir lernen schon als Zwölfjährige in der Schule zwei alte Weisworte, wenn unsere Lehrer uns erzählen, wie schlimm es war, und wie es so gut wurde. Das eine stammt aus dem klassischen Altertum, von einem der sieben Weisen Griechenlands: ‚Was die Menschen in Verwirrung setzt, sind nicht die Tatsachen, sondern ihre Meinungen über die Tatsachen.' Das geht auf die Verwirrung vor der Erlösung. Und das andere stammt aus der Neuzeit von dem Engländer

Burke, der freilich sehr erstaunt wäre, wenn er sich als Kronzeuge für gerade die Lehre genannt wüsste, die er so bitter bekämpfte: die Freiheitslehre unserer großen Klassiker. Er sagte: ‚Natur ist Weisheit ohne Nachdenken und besser als das.' Das geht auf die Erlösung. Unsere Väter haben nichts anderes getan, als der Natur den Weg freizumachen, und es hat sich gezeigt, dass sie wirklich weiser war als alle Weisen."

Von links her blitzte der Main auf; sie überflogen den dunkelwaldigen Taunus und sahen die weite Ebene unter sich übersät von einer einzigen zusammenhängenden Siedlung von Wiesbaden über Höchst bis nach Frankfurt und Offenbach. „Da hast du eine der größten Stadtlandsiedlungen Europas", sagte Fridl. „Unsere halbe chemische Industrie hat hier ihren Standort. Sieh nur den Hafen, wie voll er ist."

Darmstadt, im Kranze seiner herrlichen Wälder, Heidelberg-Mannheim, in eins verschmolzen. „Alt-Heidelberg, du feine", summte Bachmüller, „schlagen sie noch Mensuren?"

„Nein, diesen Rest der Feudalzeit haben wir längst mit ihr begraben. Deine linke Backe, Fremder, schaut aus, als wärst du noch dabei gewesen." Fridl lächelte verstohlen, Bachmüller lachte.

„Ach, ich hatte einmal eine Keilerei mit einem wilden Volksstamm, den Wan-dal."

„Wo denn?"

„Drüben." Er wies mit dem Finger westwärts. Fridl grinste.

„Südamerika? Amazonenstrom?"

„Nein, alte Welt, Forschungsreise."

Gottlieb Klingenberg sah ihn misstrauisch an, sagte aber nichts.

Stuttgart, der Neckar, rechts der Schwarzwald, links der Jura in lichter Nachmittagssonne. Die Heimat! Das Flugzeug kreiste, sich senkend, und rollte auf das Dach des Hochhauses.

„Dank für die schöne Fahrt."

„Keine Ursache, war Dienst. Ich komme mit, bin jetzt frei."

Sie fuhren hinab. „Einen Augenblick", sagte Fridl. „Ich muss

Mutter anrufen. Wenn ein Gast kommt, gibt's was Außerge-
wöhnliches, anders tut sie's nicht. Und Überraschungen in
dieser Beziehung hasst sie." Er schritt auf eine Telefonzelle
zu, Gottlieb eilte ihm nach. „Wer ist der Mann, wo kommt
er her?"

Fridl sah ihm ernst ins Gesicht: „Ohne Scherz, der Mönch
von Heisterbach, Rip van Winkle, einer der Siebenschläfer.
Morgen früh wird's in allen Zeitungen stehen. Bis dahin."
Er legte den Finger auf den Mund: „Dienstgeheimnis!" Er
trat in die Zelle. Gottlieb ging kopfschüttelnd aus der Halle.

„Es wird lustig, Hans", rief Fridl, als er wieder erschien.
„Zu Hause wissen sie nur, dass ein Gast erwartet wird, Hans
Wanderer. Onkel Hermann hat dichtgehalten. Das wird eine
Überraschung geben! Jetzt mal schnell zum Warenhaus. In
dem Aufzug kannst du nicht bei Mutter antreten." Sie saßen
schon im Rennwagen.

„Aber wird man mein Geld nehmen?"

„Man nimmt meinen Scheck. Kannst mir's morgen zu-
rücküberweisen, wenn du dein Konto auf der Bank hast."

„Wird man denn da mein Geld nehmen? Ich muss doch
einzahlen. Die alten deutschen Scheine werden doch keine
Gültigkeit mehr haben?"

„Brauchst nichts einzuzahlen. Kriegst ohne Weiteres dein
Scheckbuch und ein Guthaben, das ausreicht, bis du dir einen
Beruf gewählt hast. Da du hier unbekannt bist und kein Bankbuch von auswärts mitbringst, werden wir dich legitimieren
müssen. Macht keine Schwierigkeiten."

„Schöne Prinzipien für eine Bank! Ungedeckter Kredit für
jedermann. Das ist ja das reine Paradies für Arbeitsscheue und
Schwindler."

Fridl lachte lustig. „Ich sehe schon, du verstehst mich nicht,
und ich verstehe dich nicht. Lass dir's von Sachverständigeren
erklären. Nur das eine kann ich dir sagen, die Bank verliert
nie etwas, selbst wenn mal einer unversehens stirbt, ehe er
ein Habensaldo hat. In solchen Fällen und bei wirklicher Ar-

beitsscheu, die nur bei Geisteskranken vorkommt, trägt die Gesamtkasse den Verlust; er wird auf Fürsorgekonto belastet."

„Und Schwindler gibt's nicht mehr?"

„Kommen noch vor, wenn auch sehr selten. Der Mensch ist im Kern nicht anders, Engel sind wir nicht geworden, aber die Versuchung ist viel seltener, wo keiner arm ist und Reichtum nicht Würde verleiht. Aber wie sollte wohl einer die Bank beschwindeln? Bargeld gibt's nur noch als Scheidemünze für kleine Zahlungen, wo es nicht lohnt, einen Scheck auszuschreiben: für 'ne Fahrt in der Straßenbahn, für einen Imbiss im Gasthaus, für eine Eintrittskarte in ein Theater oder Kino. Alle größeren Zahlungen gehen über das Bankkonto in Einnahme und Ausgabe. Lohn, Gehalt, Zinsen und die fremden Schecks werden gutgeschrieben und unsere eigenen Schecks und zum Beispiel die Steuer belastet. Jeder Erwachsene erhält ein für allemal seinen Bankausweis mit seiner Nummer und seinem Bilde. Wo er nicht persönlich bekannt ist, muss er ihn vorzeigen. Niemand darf sein Guthaben überziehen ohne ausdrückliche Genehmigung. Kommt ja mal vor, dass ein leichtsinniger Hund in einer tollen Nacht mehr verjuxt als er gut hat. Dann muss er eben in der nächsten Periode krumm liegen oder mehr arbeiten. Wiederholt es sich, so wird er dadurch bestraft, dass er's abarbeiten muss. Zu verhungern braucht er darum noch nicht. Es kommt aber sehr selten vor. Verschwendung bringt heute keine Ehre mehr ein, Arbeitsscheu und Ausschweifung bringen nur Schande, Kumpane finden sich kaum je – und allein verfressen und versaufen kann er sein Einkommen nicht so leicht, wenn er nur arbeitet. Ich sehe, es fällt dir schwer zu verstehen. Uns erscheint es als ganz selbstverständlich. Professor Ullrich erklärte es sehr schön mit einem alten Worte von Jean-Jacques Rousseau: Wir leben, sagt er, in einer Gesellschaft, in der niemand reich genug ist, um viele zu kaufen, und niemand arm genug, um sich verkaufen zu müssen. Denk dir das mal durch. – Da ist das Warenhaus."

Wenige Minuten später erschien Bachmüller in der schmucken Feiertracht der neuen Zeit, Wams, kurzes Beinkleid und Strümpfe aus dunkler Seide, gleichfarbige Halbschuhe. Er hatte sich auch mit Nachtzeug und Toilettesachen und einem einfacheren Tagesanzug versorgt; all das und seine mitgebrachte Tracht trug er in einem neuen Koffer aus Leichtmetall in den Wagen.

Bald darauf stand er vor dem Herrn des Hauses, dessen Gast er sein sollte.

„Hans Wanderer – mein Vater, Professor Bachmüller."

Das neue Heim

Der hochgewachsene blondbärtige Mann war ihm auf der Veranda entgegengekommen. Er reichte ihm die Hand: „Es ist uns eine Ehre, Fremder. Bitte hier hinein." Er führte den Gast durch den Vorraum in ein kleines Zimmer: „Hans Wanderer – meine Frau." Die stattliche Matrone in dunklem Seidenkleide streckte ihm die Hand entgegen: „Willkommen, Fremder. Unser Haus ist dein Haus." Er neigte sich tief. „Du kommst von weit her?"

„Von sehr weit. Beinahe aus einer anderen Welt."

„Nun, wir halten's mit den alten Griechen. Zuerst wird der Gast bewirtet, dann muss er erzählen. Fridl, zeige dem Fremden sein Zimmer. Um acht Uhr ist Abendessen."

Fridl führte den Gast eine Treppe hinauf in ein Zimmer, das in den Hintergarten schaute. „Sieh da", flüsterte er, „dein altes Häuschen. Werden die sich wundern! Hier ist dein Bad."

„Du, Fridl, deine Mutter, die ist ja eine Römerin. Cornelia, die Mutter der Gracchen. Wie kommst du gelber Kanarienspatz aus dem Nest? Stammt sie aus Italien?"

„Ja und nein. Uralte schwäbische Freibauernfamilie von der Alb. Aber ganz gewiss Romanin von Römerzeiten her. Die saßen hier überall im Schutz des Limes, und viele blieben, als die Alemannen einbrachen. Bei uns ‚mendelt' es komisch. Wir Buben sind alle blonde Alemannen wie Vater, die Mädels alle tiefbrünette Römerinnen wie die Mutter. Nun mach dich zurecht und rasiere dich. Kannst es brauchen. Ein Apparat ist im Badezimmer. In zwanzig Minuten komme ich dich holen. Oder besser: Ich warte hier. Sonst hat mir Mutter binnen fünf Minuten alle Würmer aus der Nase gezogen – und die Überraschung fällt ins Wasser."

Frisch rasiert und gestriegelt, sehr stattlich in seiner Feiertracht, stand Hans Bachmüller bald darauf wieder vor seinen

Wirten. „Wanderer möchte das Haus sehen", sagte Fridl. „Wir haben noch über eine halbe Stunde Zeit."

„Gern." Die Hausfrau schritt voran: „Unser Esszimmer." Ein weiter heller Raum, mit hohen Fenstertüren, die sich auf die Veranda öffneten. Kein Möbelstück als ein gewaltiger runder Tisch und viele Stühle. Aber in der schmucken Täfelung ringsum zeugten Griffe und Schlüssellöcher von zahlreichen Wandschränken. Der Fußboden aus Fliesen mit schönen Teppichen darauf.

„Im Sommer ganz schön", sagte Bachmüller, „aber im Winter?"

„Unterbodenheizung, wie in den römischen Landhäusern, die sie hier ausgegraben haben", sagte Frau Bachmüller. „Hier ist alles auf Arbeitsersparnis angelegt. Der Boden wird abgeschlaucht; da ist der Hahn, und dort in der Ecke unter dem Rost der Abfluss. Die Wände und Teppiche erledigt der Staubsauger. Bitte hier."

Ein zweiter, ebenso großer Raum mit dem Blick nach Westen. „Das Musikzimmer, unser Luxus." Ein großer Konzertflügel, auf ihm zwei Geigen und eine Bratsche in ihren Kästen, daneben Cello und Bass, Notenständer, und in einem großen offenen Wandschrank Noten über Noten. Sonst nichts als mehrsitzige Bänke und Stühle mit einfachen Strohsitzen.

Der Professor lachte: „Spartanisch! Wir sitzen sonst ganz gern weich. Aber es ist wegen der Akustik. Polster fressen den Ton. Wir sind alle ein bissel musikalisch. Abends Kammermusik, das ist unsere größte Freude."

„Ich geige auch ein wenig", sagte Bachmüller. „Was spielt ihr am liebsten?"

„Ach, die Reihe ist lang. Von den Alten natürlich Bach, Haydn, Beethoven, Mozart, Schubert, Schumann, Brahms, Strauss, Mahler, Debussy, und dann natürlich die Meister unserer Zeit: Farraglioni, Wilbuszewitz, Karl Konrad Schmied und so weiter. Das sind unsere ganzen ‚Repräsentationsräume'. Sonst gibt's nur noch Schlafzimmer, natürlich mit Bad, alle wie dein's, nur unser Ehezimmer ist größer."

„Ich bin ein Baumensch und schrecklich neugierig. Darf ich auch die Wirtschaftsräume sehen?"

„Bitte hier die Küche." Ein Doppelschrei ertönte. „Keine Angst, Mädels, der Fremde beißt nicht." Zwei junge, dunkle Schönheiten in weißen Schürzenkleidern knicksten befangen. „Hans Wanderer – meine Töchter, Marianne und Klara. Die Kinder machen das Essen fertig. Wir nehmen fast alle Mahlzeiten zu Hause. Der Stadtkoch schickt die Speisen nach Bestellung angekocht im Abonnement. Wir machen nur fertig und richten an. Hier der Wärmschrank, der Kühlschrank, der Herd, hier die üblichen Kleinmaschinen für Geschirrwaschen, Messerputzen und so weiter, alles natürlich elektrisch betrieben. Von weiteren Wirtschaftsräumen gibt's nur noch einen Obst- und Weinkeller. Heizung und Warmwasserversorgung sind elektrisch, die Wäsche besorgt die Großwäscherei, die Reinigung und Ausbesserung der Kleider und Wäsche die Genossenschaft der Schneider und Näherinnen, alles im Abonnement. So können wir Frauen das Haus leicht versorgen, obgleich es über den Durchschnitt groß ist, und haben doch Zeit für unsere Lustarbeit."

„Lustarbeit?"

„Ja, so nennen wir's als Gegensatz zur Pflichtarbeit, die aber so kurz ist, dass sie auch lustig sein kann. Ich schriftstellere ein bisschen, Marianne studiert Musik, Klara ist bei der Wöchnerinnenfürsorge, Fridl ist Schlosser und studiert Elektrotechnik. Unser ältestes Mädel ist verheiratet, Bernhard studiert Medizin." Ein sehr erhitzter und schmutziger Blondkopf schlich herein und schmiegte sich an sie: „Na, du Lauser, bist du endlich da? Gut gegangen?"

„Mutti, Mutti, haben wir sie abgeschmiert! Sechs Tore gegen eins. Unser Direx hat eine Mordsfreude. Aber die anderen ziehen lange Gesichter. Pass auf, morgen gibt's auf dem Schulweg Keilerei."

„Mein Sohn Paul, das Nesthäkchen", sagte der Vater. „Gib dem Fremden die Hand, Paul."

„Fussball?", fragte Bachmüller.

„Wohl, wohl, Tertia gegen Tertia, Winslingen gegen Rudolfingen, es war großartig. Fritze Berndt war drüben Tormann. Ich habe ihm einen Elfmeter hineingeknallt, dicht an ihm vorbei. Gespuckt hat er!"

„Bravo! Und nun geh dich waschen und umziehen. In einer Viertelstunde ist Essenszeit. Heut' gibt's was Feines."

„Hurra! Ich habe Hunger wie der Fenriswolf." Er sauste ab. Man hörte die schnellen Füße auf der Treppe.

„Darf ich nun auch dein Laboratorium anschauen, Professor? Fridl zeigte es mir vom Fenster aus, und ich bin als Ingenieur doch ein bissel vom Fach."

Sie gingen durch den Hintergarten. Der Professor schloss die Tür auf und führte in einen weiten Raum, durch dessen Fenster die Abendsonne schien. „Das war der Arbeitsraum meines unglücklichen Großonkels, der vor hundert Jahren spurlos verschwand. Hier nebenan war sein Schlafzimmer, jetzt mein Magazin. Dann gibt's noch eine kleine Küche. Mehr Räume hat das Häuschen nicht. Nur da hinten ist noch ein Felsenkeller, den er unfertig hinterließ. Mein Großvater, sein Bruder, hat das Grundstück geerbt, als er für verschollen erklärt wurde. Er muss etwas Vermögen gehabt haben, aber es hat sich niemals gefunden. In diesem Hause ist noch mein Vater geboren worden. Aber als der Wohlstand kam, baute Großvater ein größeres Haus, das dann mein Vater erweiterte. Wir waren eine ganze Horde von Kindern. Das Bild da an der Wand ist ein Porträt des Verschollenen. Alle Wetter, jetzt weiß ich, warum du mir so bekannt vorkamst. Sieh mal, Mutter, diese Ähnlichkeit."

„Meinst du?", sagte Hans Bachmüller lässig. Fridl, hinter seinen Eltern, tanzte vor Schelmerei und Ungeduld. „Kann ich nicht finden."

„Doch, doch, wie aus dem Gesicht geschnitten. Was sagst du, Fridl?"

„Na ja, er hat auch die Nase über dem Mund und unter den Augen."

„Ein ander Mal wirst du mir vielleicht erklären, wozu all diese fremdartigen Maschinen und Instrumente dienen. Heute ist es zu spät. Aber jetzt will ich *dir* etwas zeigen." Hans Bachmüller trat an die Wand und verschob ein Stück der breiten Leiste, die die Täfelung oben abschloss. Dann drückte er leicht links an die Tafel. Sie drehte sich in einem verborgenen Scharnier, hinter ihr wurde eine eiserne Tür sichtbar. Er holte einen Schlüssel aus der Tasche und schloss auf.

Sprachlos hatten ihm die Gastfreunde zugeschaut. Jetzt konnte Fridl sich nicht länger halten. „Vater, Mutter, er ist es selbst, der verschollene Hans Bachmüller. Er ist mit der Zeitmaschine hergereist; die hat er im Felsenkeller ausgegraben. Wahrhaftig, er ist's. Fragt Onkel Hermann, der hat seinen Pass, und – ihr habt ja selbst eben gesehen: Wer wusste von dem Safe, als er allein?"

„Und wer weiß außer ihm, was drin ist?", fragte Bachmüller. „Greif hinein, Fridl, nimm alles heraus und lege es auf den Tisch: die goldene Uhr von Wilson, den Revolver aus Suhl, die Knöpfe und die Aluminiumflasche, den Schädel und Kiefer des armen Teufels von Engländer. Außerdem liegen drin der Trauschein meiner Eltern und ihre Trauringe, alle meine Papiere: vom Impfschein bis zum Diplom, ein paar Hundertmarkscheine und schließlich das verschwundene Vermögen, ein paar Aktien und Obligationen, die heute wohl nichts als Makulatur sein werden."

Fast andächtig legte Fridl die Beweisstücke auf den Tisch. Noch immer standen Professor Bachmüller und seine Frau sprachlos, gläubig-ungläubig vor dem Heimgekehrten. Da stürzte Paulchen herein. „Extrablatt", keuchte er.

Eine riesige Schlagzeile über die ganze Seite in großer Fraktur.

AUS DER VIERTEN DIMENSION! DIE ZEITMA-SCHINE!

Darunter ein Text mit zahlreichen Zwischenschlagern: „Seit hundert Jahren verschollen … Heimgekehrt … Hans Bachmüller … Vorstand. Dr. Hermann Henricy … Morgen 20 Uhr bis 20.15 spricht der jugendliche Urgreis im Rundfunk."

„Da haben wir's", stöhnte Bachmüller. „Das geht ja fix bei euch. Nun ist die Katze aus dem Sack."

„War ja unvermeidlich. Onkel Hermann musste doch die Sender anrufen und die Presse benachrichtigen."

„Na, mir soll's recht sein."

Fridl zog den kleinen Bruder am Ohrzipfel vor den Gast: „Schau hin, du Lausbub, das ist dein Urgroßonkel Hans Bachmüller." Der Junge starrte: „Hurra, hoch, das ist noch besser als Fussball. Wird der Fritze Berndt neidisch sein!"

„Und nun, Frau Base", sagte Bachmüller, „sag mir eins, macht man noch Spätzle in Schwaben? Ja? Dann ist's gut."

Es wurde ein fröhliches Abendessen.

Der Todesstrahl

Als die Frauen sich zurückgezogen hatten und die Männer noch bei einer Flasche alten Markgräflers und einer Zigarre beieinander saßen, sagte Hans Bachmüller: „Wie kam das alles, Vetter? Welcher Genius hat unsere verwirrte Welt geordnet? Es muss ein Riese gewesen sein. War's ein Bernhard von Clairvaux, der alle sehnsüchtigen Seelen zum Kreuzzug gegen den Teufel entflammte? War's ein Lykurg oder Solon oder Konfuzius, ein Weiser, dem die ratlose Menschheit Vollmacht gab, sie zu heilen? War's ein Dschinghis Khan oder Bonaparte, der sie mit Feuer und Schwert zur Einheit zusammenschweißte? Ich denke, es muss so ein Kriegsheld gewesen sein. Denn die Staatenlenker meiner Zeit waren so verstockt und verrannt, dass sie kaum anders als durch schiere Gewalt zur Vernunft gebracht werden konnten. Ich habe gegrübelt und gegrübelt in meiner Einsiedelei da hinten und unendlich gelesen, was nur immer über diese Dinge geschrieben wurde; aber ich kam doch immer mehr zu der Überzeugung: Nur der Krieg kann den Krieg besiegen."

„Und du hast recht gehabt."

„Wahrhaftig? Habt ihr noch einmal durch die Hölle hindurchmüssen? Da nimmt mich nur wunder, dass noch eine einzige der alten Städte stehen geblieben ist! Was ich heute Nachmittag sah zwischen Jura und Eifel, schaute nicht nach Krieg aus. Ich weiß, wie Krieg aussieht: Ich war 1918 an der Westfront. Wo war der Kriegsschauplatz? Was haben die Brandbomben von den Städten und die Giftgase von ihren Einwohnern übrig gelassen?"

„Es gab keinen Krieg, keine Zerstörung und keinen Massenmord. Und es war kein Genie, das die neue Ordnung schuf: kein Prediger, kein Gesetzgeber, kein Eroberer. Es war die *Wissenschaft*. Sie war der Speer des Achilleus: ‚Was verwundet hat, heilt auch', so sagte das Delphische Orakel.

Die Naturwissenschaft hatte der Menschheit die furchtbaren Waffen gegeben, die berufen schienen, ihre Ausrottung zu vollziehen: Die gleiche Naturwissenschaft hat in ihrem unaufhaltsamen Fortschritt eine so viel furchtbarere Waffe geschaffen, dass der Krieg zur völligen Unmöglichkeit wurde. Das war der Weg der Menschheit, ihr Passionsweg bis zum Golgatha des Weltkrieges, dass immer das Volk stärkerer Waffen das Volk schwächerer Waffen unterjochte: Zuerst besiegte die Bronze den Stein, dann das Eisen die Bronze, dann das Pulver das Schwert, dann die Maschine die Kanone – und zuletzt die Physik die Waffe und den Krieg überhaupt."

„Erzähle!"

Professor Bachmüller trat an den Bücherschrank, holte ein schmales Büchlein hervor, und hielt ihm das Titelblatt hin: „Wie die Erlösung kam! Aus den Geheimakten des Bundesstaats Frankreich. Amtliche Übersetzung. Paris 2000."

„Nimm und lies. Wir lassen dich allein. Gute Nacht, ich habe morgen früh acht Uhr schon zu tun."

Und Hans Bachmüller las:

I. Stück.

Beschluss des Rats des Bundesstaats Frankreich
vom 1. Dezember 1999.

Die hier zum ersten Male veröffentlichten Akten waren bisher außer den ursprünglich beteiligten Personen nur den Präsidenten der Republik bekannt. Wenn wir sie heute der Welt kundtun, als eine Weihegabe zum Beginn des dritten Jahrtausends, so opfern wir damit eine allen Franzosen überaus teure Legende. Wir opfern sie der geschichtlichen Wahrheit und erfüllen damit gleichzeitig eine heilige Pflicht gegenüber einem großen Toten, dem Bahnbrecher der neuen Zeit. Sein Name, fast verschollen, nur wenigen Gelehrten noch bekannt, wird von jetzt an als ein Stern erster Größe am Firmament der Menschheit leuchten: GABRIEL HEINEMANN.

II. Stück.

Handschriftliche Aufzeichnung von Emile Gauthier, Kriegsminister, vom 23. Juli 1946.

Heute, 11 Uhr 15, empfing ich zu erbetener vertraulicher Unterredung den Geheimrat Prof. Dr. phil. Gabriel Heinemann, früher am Kaiser-Wilhelm-Institut zu Berlin, seit 1933 in Sundwyl, Kanton Bern. Er hatte ein Einführungsschreiben unseres großen Physikers Georges Duval eingeschickt, das ihn als einen der ersten Männer seines Faches bezeichnete; er war zwei Jahre zuvor für seine grundlegenden Arbeiten über die Zertrümmerung des Atoms mit dem Nobelpreise ausgezeichnet worden.

Vor mir erschien ein hagerer, eher kleiner Mann von etwa sechzig Jahren, leicht ergrauter Backenbart, auffällig die leuchtenden dunklen Augen und die hohe Stirn. Er sprach ohne jeden Umschweif sofort zur Sache in gutem Französisch, wenn auch mit einigem deutschen Akzent.

„Herr Minister, ich habe eine neue Waffe von unerhörter Wirksamkeit konstruiert. Niemand außer mir weiß das Geringste davon. Frankreich ist die erste Großmacht, die Kenntnis erhält. Sie begreifen, dass es sich um eine Angelegenheit handelt, die die äußerste Verschwiegenheit erfordert. Ich bitte Sie, die Konstruktion durch Sachverständige prüfen zu lassen, deren Urteil für Ihre Entschließungen maßgebend ist, und deren Diskretion Sie völlig sicher sind."

Wir sind misstrauisch gegen die Erfinder neuer Waffen, von hundert sind wenigstens achtundneunzig Verrückte oder Hochstapler. Aber der Mann war eine europäische Autorität und sah nicht aus wie ein Geschäftemacher. Ich fragte daher:

„Was soll's sein? Ein Artillerist?"

„Es handelt sich um kein Geschütz. Ich wünschte einen Strategen ersten Ranges und wenn möglich eine Autorität je der Luftwaffe und der Marine. Freilich sind dann schon vier Männer im Geheimnis – und ich versichere Ihnen, Herr Minister: Es ist für Ihr Land von großer Bedeutung, dass das Geheimnis gewahrt werde."

„Französische Offiziere wissen zu schweigen. Wo wollen Sie den Apparat vorführen?"

„In meinem Laboratorium im Kanton Bern. Ein anderer Ort ist aus technischen Gründen ausgeschlossen."

„Wann?"

„Wann Sie befehlen. Ich stehe jederzeit zur Verfügung."

„Sagen wir: am 1. August, morgens 9 Uhr."

„Einverstanden! Noch eine Anregung. Die Herren täten besser, in Zivil und mit Pässen einzureisen, die ihren Beruf nicht angeben. Ferner dürfte sich empfehlen, dass sie nicht zusammen reisen und nicht im gleichen Hotel absteigen."

„Soviel Vorsicht?"

Er sah mich mit einem Blick an, der mir einen leichten Schauer über das Rückgrat jagte: Ein so drohender Ernst lag darin.

„Vielleicht werden Sie am 2. August finden, dass noch nicht genug Vorsicht geübt wurde."

„Gut, gut! Es wird nach Ihrem Willen geschehen."

So trennten wir uns.

III. Stück.

Geheimbericht des Obersten Grafen de Cisserac, Chefs der strategischen Abteilung des Großen Generalstabs, des Oberstleutnant Guétry, Kommandant der Luftflotte Ost, und des Contreadmirals Henniger vom Arsenal Toulon.

Gestern, am 1. August 1946, trafen wir drei befehlsgemäß in Sundwyl, Kanton Bern, ein, und begaben uns einzeln zu dem drei Kilometer von dem Dorf entfernten Landsitz des Professors Heinemann, wo wir pünktlich 9 Uhr antraten; er empfing uns selbst; wir haben keinen anderen Insassen des Grundstücks gesehen.

Er führte uns eine Treppe hinauf in ein Turmzimmer, dessen Wände nur aus Fenstern bestanden, und bat uns, Platz zu nehmen.

„Meine Herren, darf ich um Ihre Legitimationen bitten?" Er studierte die Dokumente auf das Genaueste und gab sie zurück.

„Danke. Und nun gestatten Sie mir eine Einleitung, die Sie überraschen wird. Ich habe mich gefragt, was ich tun würde, wenn ich Offizier wäre, und jemand mir das zeigte, was Sie sofort sehen werden. Ich würde nicht einen Augenblick zögern, den Mann auszurotten, auch auf die Gefahr hin, dass die höllische Maschine mit ihm verschwände. Bitte, sich nicht erzürnen zu wollen, es ist nicht persönlich gegen Sie gemünzt. Da ein derartiges Ereignis jedoch meine Pläne durchkreuzen würde, sage ich Ihnen: Wenn mir etwas Menschliches zustößt, ist dafür Sorge getragen, dass der deutsche Wehrminister meine neue Waffe übermorgen schlagbereit in ausreichender Zahl zu seiner Verfügung hat. Und dann steht es schlimm um Frankreich."

War der Mann ein Irrsinniger? Er sprach mit der größten Ruhe.

„Und nun zur Sache."

An einem der Fenster stand ein Dreibein, auf dem ein etwa einen Meter langes Metallrohr beweglich angebracht war. Darauf war ein Zielfernrohr montiert.

„Wollen Sie gütigst durch das Fernrohr sehen! Das Fadenkreuz ist auf eine Metallkugel eingestellt, die zwei Kilometer von hier auf einem Felsblock liegt. Es ist eine Bombe wie diese hier." Er zeigte auf eine Stahlbombe im Winkel. „Diese hier ist ungefüllt, die draußen hat nur eine schwache Ladung, aus Gründen, die Sie sofort begreifen werden. Wenn Sie auf

diesen Knopf hier rechts am Rohr drücken, wird sie aufflie-
gen. Lassen Sie sich Zeit. Sie sollen sich überzeugen, dass ich
Ihnen keinen Trick vormache. Sehen Sie, ich setze mich mit
dem Rücken gegen Sie. Ein Spiegel ist nicht vorhanden. Sie
können mir auch die Augen verbinden. Zwei der Herren
können meine Hände halten. Ich *bitte* darum."

Guétry und Cisserac banden ihm die Augen zu und hielten
seine Hände. Er machte keine Bewegung und gab keinen
Laut von sich. Henniger sah auf seine Uhr. 34 Sekunden
wartete er, so hatte er es sich vorgesetzt, dann drückte er auf
den Knopf. Im gleichen Moment krachte es, eine Staubwolke
stieg auf; als sie sich verzogen hatte, waren die Bombe und
der Felsblock verschwunden.

„Wollen die Herren die Sprengstücke untersuchen? Vielleicht später! Es ist die gleiche Bombe wie diese hier."

Bester Gussstahl und eine enorme Wandstärke!

„Nun die zweite Probe", sagte der Professor. „Zuerst aber
will ich den Apparat verriegeln. Eine unvorsichtige Bewegung,
und das Unglück ist da." Er verschob einen Riegel hinten am
Rohr und rollte den Apparat an ein anderes Fenster.

Auf dem Tisch lag eine Generalstabskarte. „Hier ist Sundwyl,
hier mein Haus. Der kahle Berg dort ist der kleine Schafhubel.
Wollen Sie bitte die Entfernung bis zum Gipfel schätzen."

„Ungefähr dreiundvierzig Kilometer in der Luftlinie", sagte
Cisserac nach einem Blick auf die Karte.

„Gut. Ich habe da oben einen Holzstoß errichten lassen und
Sorge getragen, dass niemand in gefährlicher Nähe verweilt.
Bitte, das Fernrohr einzustellen."

Es geschah. Wieder forderte der unheimliche Mensch
die Vorsichtsmaßregeln des ersten Versuchs. Diesmal zielte
und schoss Guétry. Im Moment, wo er den Knopf berührte,
brannte der Holzstoß lichterloh.

„Bitte, zum dritten Versuch. Sie sehen dort drüben das Tal,
das sich nach oben verengt und mit einer steilen Felswand
endet. Dort habe ich eine alte Kuh anbinden lassen. Daneben

50

sehen Sie ein graues Viereck. Es ist eine Kruppsche Panzerplatte der stärksten Art. Wollen Sie bitte das Tier ins Fadenkreuz bringen. Wie weit schätzen Sie?"

„Zweiunddreißig bis dreiunddreißig Kilometer wie die Krähe fliegt."

„Gut. Die Binde. Ihre Hände."

Cisserac war an der Reihe. „Großer Gott", stammelte er. Wir rissen die Gläser an die Augen. Die Kuh, oder was noch von ihr übrig war, lag auf der Seite. Ein dicker schwarzer Qualm stieg von dem Kadaver auf.

„Ein schneller schmerzloser Tod", sagte der Professor kühl. „Das gute Tier hat wahrscheinlich Millionen Menschen einen langsamen und schmerzensreichen Tod erspart. Jetzt, bitte, auf die Platte. Halten Sie den Finger einige Sekunden auf dem Knopf."

Wir starrten durch die Gläser hinüber. Fast in dem gleichen Augenblick, wo Cisserac den Knopf berührte, ging die graue Farbe in ein mattes Rot, und dann dieses in glühendes Rot und fast sofort in Weißglut über, die uns wie ein Scheinwerfer blendete, obgleich es heller Tag war.

„Jetzt zur Besichtigung des Tatbestandes", sagte der Professor. „Darf ich bitten?"

Wir verließen das Haus, zitternd vor Erregung. Wahrlich, es war gut, dass der Mann uns die einleitende Warnung gegeben hatte. Wir wissen nicht, wessen wir fähig gewesen wären.

Er führte uns zu einem Auto und setzte sich ans Steuer. Von der Bundesstraße bog er in jenes enge Tal ein und folgte ihm so lange, wie das Terrain es gestattete. Dann mussten wir ein Stück mühsam steigen, bis wir unter der Felswand standen. Der Kadaver der unglücklichen Kuh rauchte noch. Er war verbrannt, als hätte er stundenlang im Feuer gelegen. Und aus der Panzerplatte war ein großes Loch ausgeschmolzen. Keiner von uns wagte ein Wort.

„Meine Herren, ich danke Ihnen. Sie sind im Bilde. Um 18 Uhr geht der Schnellzug nach Paris. Auch ich werde ihn benutzen. Ich wohne im Trocadéro*. Dort erwarte ich die Mitteilungen Ihres Herrn Ministers."

Einzeln und unauffällig, wie wir gekommen waren, reisten wir heim. Die furchtbare Bedeutung des Gesehenen schloß uns den Mund.

Unterschriften:

de Cisserac   Guétry   Henniger

IV. Stück.

Unterredung des Kriegsministers Emile Gauthier
mit Professor Heinemann vom 3. August 1946,
im Einverständnis mit diesem auf einer Schallplatte
aufgenommen.

„Was fordern Sie für Ihre Erfindung?"

„Viel, sehr viel!"

„Frankreich ist reich."

„Nicht reich genug, um sie zu kaufen. Keine Illusionen, Herr Minister. Frankreich wird niemals über den Todesstrahl verfügen, nicht für alle Ehren, und nicht für alles Gold in den Kellern Ihrer Bank."

„Sie sind doch zu uns gekommen?"

„Ja, weil Frankreich das Land der Ideen von 1789 war, und weil Frankreich der Sieger des letzten Krieges ist. Ich will den Krieg ausrotten, und das ist nur möglich, wenn endlich einmal der Sieger sein Schwert zerbricht, statt es wie Brennus in die Wagschale zu werfen. Frankreich hat an meinem Vaterlande schweres Unrecht gutzumachen."

„Herr Professor!"

---

* Gemeint ist der 1878 zur Weltausstellung in Paris errichtete Palais du Trocadéro, der seinen Namen einem Fort auf der Isla del Trocadero verdankt, das 1923 von den Franzosen eingenommen wurde und im Zentrum der Schlacht von Trocadéro lag.

„Ich weiß, was ich spreche und zu wem ich spreche. Und Sie werden mich anhören müssen. Übrigens haben Ihre eigenen Staatslenker längst stillschweigend anerkannt, dass Deutschland schweres Unrecht geschehen ist. Soll ich von Wilsons vierzehn Punkten, der Lüge der Kriegsschuld, von der empörenden Behandlung unserer Friedensunterhändler, soll ich von den wahnsinnigen Bedingungen des Vertrages von Versailles sprechen, die Europa in diese Krise gestürzt haben? Von der schmählichen Begründung für den Raub der deutschen Kolonien? Lassen wir das! Sie wissen gut genug, dass jetzt ich in der Lage bin, Bedingungen zu stellen. Ihre Sachverständigen haben Ihnen gesagt, dass wenige meiner Rohre genügen, um Millionenarmeen zu vernichten, dass ein einziges Flugzeug aus sicherer Entfernung Ihre ganze Luftflotte, und ein einziges kleines Motorboot ebenso sicher Ihre Marine zerstören kann. Aus einer Höhe von dreitausend Metern beherrscht mein Apparat hundertfünfundzwanzigtausend Quadratkilometer, also ein Viertel von Frankreich; denn der Todesstrahl wirkt so weit, wie die Sicht reicht. Wenn ich ein Mann der alten Denkart wäre, dann könnte ich mich mit hundert Soldknechten zum Dschinghis Khan der ganzen Erde machen."

„Sie sind in meiner Gewalt."

„Sie sind in meiner. Wenn ich übermorgen nicht in Bern zurück bin, hat tags darauf der deutsche Wehrminister meine Rohre in seinem Besitz, und dann stellt Ihnen ein Mann der alten Denkart, ein Mann Ihrer Denkart, härtere Bedingungen als ich."

„Furchtbarer Mensch! Warum Deutschland?"

„Weil Deutschland Unrecht geschah und weil ich ein Deutscher bin, wenn ich kein Europäer und Weltbürger sein darf. Wenn Sie meine Bedingungen ablehnen, werde ich alles versuchen, um von Ihrem deutschen Amtsbruder das Gleiche zu erreichen: Aber dann ist mein größter Wunsch nicht mehr erfüllbar, das Geheimnis zu wahren und alle Bitterkeit der

Demütigung zu verhüten. Ich will nicht, dass Frankreich gedemütigt werde. Ich will im Gegenteil, dass es sich die höchste aller Ehren erwerbe: des Siegers, der sein Schwert zerbricht."

„Ich glaube, ich fange an, Sie zu verstehen."

„Ich will, dass Frankreich in den Augen der Welt den Beweis der hochherzigsten Großmut gibt. Es soll Deutschland die Bruderhand reichen, – was es 1918 hätte tun müssen. Es soll ihm einen ewigen Bund zwischen völlig Gleichen anbieten. Niemals, auf mein Ehrenwort als Gelehrter, soll durch mich jemand erfahren, dass diese große Geste nicht ganz freiwillig geschah. Mein Name soll nie genannt werden, meine Erfindung soll nie gewesen sein."

„Das wäre ein Weg. Nein, das *ist* der Weg! Wie denken Sie sich das des Näheren – Meister?"

„Ich übergebe Ihnen hier eine Denkschrift, die Frucht jahrelanger Erwägungen. Ich gebe Ihnen einen Monat Frist. Am 1. September muss der Vertrag geschlossen sein."

V. Stück.

Die Denkschrift des Professor Heinemann.

A. Wirtschaftsbund.

1. Sämtliche Zölle beider Länder werden, und zwar, um Schädigungen nach Möglichkeit zu vermeiden, nur allmählich, bis zum Verschwinden herabgesetzt. Vorschlag: Die Tarife ermäßigen sich je am 1. und 15. jedes Monats um 1,2 %, dies, um spekulative Ausnützung größerer Stufen zu verhüten. Nach acht Jahren und vier Monaten würde unter dieser Voraussetzung das einheitliche Zollgebiet hergestellt sein. Einzelne Tarifpositionen dürfen selbstverständlich durch Sonderverträge schon früher herabgesetzt oder aufgehoben werden. Aussenstehende erhalten das Meistbegünstigungsrecht nur im Verhältnis zu dem Bundesstaat als Ganzen. Entgegenstehende

Handelsverträge sind zum ersten zulässigen Termin zu kündigen. Allen Staaten steht der Anschluss an den Bund offen.

2. Der Bund begründet einen Ausgleichsfond zu dem Zwecke, alle Unternehmer in Landwirtschaft, Industrie und Handel zu entschädigen, die erklären, bei Herabsetzung der Zölle nicht mehr bestehen zu können. Dabei sind aber *Subventionen* auf Kosten des Bundes ausgeschlossen; es steht jedoch den Einzelstaaten frei, sie auf eigene Kosten zu gewähren. Der Bund als solcher ist nur verpflichtet, solche Betriebe *käuflich zu erwerben*, und zwar gegen Abfindung mit Stücken der Ausgleichsanleihe. Die erworbenen Betriebe werden von einer gemeinsam errichteten Bundesbank verwaltet und verwertet. Dem Kaufpreis soll regelmäßig der kapitalisierte Steuerwert der durchschnittlichen Steuerleistung der letzten fünf oder zehn Jahre zugrunde gelegt werden. Derart werden Schädigungen einzelner vermieden, während andererseits für alle selbstständig gebliebenen Betriebe das Grundprinzip des Eigentums gewahrt bleibt, dass es auch die Verluste zu tragen hat.

Es darf erwartet werden, dass diese Hilfe nur von verhältnismäßig wenigen Betrieben in Anspruch genommen werden wird. Der gewaltige wirtschaltliche Aufschwung, der aus dem mit der Befriedung neugeschaffenen Vertrauen und aus der Verdoppelung des Marktes folgen wird (‚doppelter Markt, vervierfachter Reichtum‘), wird fast allen zugutekommen.

B. Wehrbund.

Frankreich rüstet in der Zeit der wirtschaftlichen Abrüstung auch militärisch allmählich ab, bis die volle Gleichheit der Bewaffnung hergestellt ist. Solange ein Angriff von dritter Seite her noch möglich erscheint, das heißt bis die übrigen kontinentalen Staaten West- und Mitteleuropas dem Bunde unter gleichen Bedingungen beigetreten sind, tritt Frankreich an Deutschland die Hälfte seiner schweren Waffen an Artillerie, Tanks, Flugzeugen und so weiter ab. Bis dahin bleibt die Erfindung des Todesstrahls als Druckmittel und für den schlimmsten Notfall als Kampfmittel in meiner, und nach meinem Tode in meines Bevollmächtigten Verwahrung und zur Verfügung des Bundes. Dann, wenn Europa wirtschaftlich so eng verflochten ist, dass jeder Krieg Selbstmord wäre, kann und soll die Erfindung verschwinden.

C. Organisation.

1. Um jeden Rest von Bitterkeit zu beseitigen, soll Deutschland das Elsass und Lothringen zurückerhalten, ohne dass Frankreich es verliert, und soll dafür Frankreich das linke Rheinufer gewinnen, ohne Deutschland von dort zu verdrängen. Zu dem Zweck wird ein dritter eigener Bundesstaat geschaffen, den wir vorläufig Lotharingien nennen wollen. In ihn bringen die beiden Vertragsparteien die eben genannten Provinzen ein. Der neue Staat wird völlig entmilitarisiert und neutralisiert. Seine sämtlichen Beamten müssen beider Sprachen völlig mächtig sein. In allen seinen Schulen wird in beiden Sprachen unterrichtet, und zwar auf der Unterstufe in der Muttersprache der Mehrheit des Bezirks, mit wachsender Betonung der zweiten Sprache. So wird das seit zwei Jahrtausenden blutig umkämpfte Grenzland die Friedensbrücke der beiden großen Nachbarn, die keiner von ihnen zum Kriegsschauplatz machen kann, ohne sich selbst ideell und materiell auf das Schwerste zu schädigen. An diesen Zwischenstaat werden sich nach dem Gesetz der politischen Gravitation voraussichtlich alsbald die Schweiz, Luxemburg und Belgien, wahrscheinlich auch Holland anschließen, sei es als Glieder des großen Bundes, sei es als Unterglieder des wiederhergestellten Lotharingien.

2. In seinen inneren Angelegenheiten bleibt jedes Bundesglied völlig unabhängig in Bezug auf Regierungsform, Ver-

waltung und Gesetzgebung. Die wirtschaftliche Verflechtung wird die Angleichung des Handels- und Wechselrechts und so weiter von sich aus herbeiführen. Eine zentrale Regierung ist nicht erforderlich: Eigens eingesetzte Kommissionen werden die Vereinheitlichung des Verkehrswesens (Post, Telegraph, Rundfunk und so weiter), des Geld- und Bankwesens, der Kriminalpolizei und so weiter, studieren und gesetzgeberisch vorbereiten. Die Entscheidung liegt bei den Einzelstaaten.

D. Außenpolitik.

Angriffe von außen her hat der durch die Zahl und Wehrkraft seiner Bevölkerung und die Macht seiner Industrie übermächtige Bundesstaat auch dann kaum zu befürchten, wenn es bei dem Zwei- bzw. dem Dreibunde bliebe. Es wird und kann aber nicht dabei bleiben. Die Überlegenheit dieses ungeheuren Körpers auch in wirtschaftlicher Beziehung, sein reißend wachsender Reichtum, wird die übrigen Staaten West- und Mitteleuropas binnen Kurzem zum Beitritt veranlassen, der ihnen unter gleichen Bedingungen offenstehen muss. Die offene Wunde im Osten, der ‚Korridor‘, kann und wird gerade so geschlossen werden wie die im Westen. Österreich, die Tschechoslowakei, Jugoslavien und Rumänien werden sich zum Beitritt entschließen müssen; nur allenfalls Russland könnte draußen bleiben, solange die heutige Regierungsform aufrechterhalten wird, ist dann aber militärisch und wirtschaftlich ungefährlich. Der Bund leistet einem angegriffenen Mitgliede unbedingt Waffenhilfe.

Sollte der Bund, was allerdings als nahezu unmöglich erscheint, als solcher in Konflikte geraten, die einen Krieg unvermeidlich machen, so führt er ihn als Gesamtheit nach einstimmigem Beschluss. Einen Angriffskrieg gegen Außenstehende hat jedes Bundesglied allein auf seine Kosten zu führen. Schwerwiegende innere Konflikte sind unmöglich.

Streitfragen werden durch das Bundesgericht entschieden, in das alle Glieder ihre besten Juristen entsenden, Ehrenfragen durch einen Schlichtungsausschuss. Die Partner werden in ihr Strafgesetzbuch Paragraphen einfügen, die bundesfeindliche Handlungen und Äußerungen ihrer Untertanen mit schweren Strafen belegen.

E. Kolonien.

Frankreich übereignet dem Bundesstaat seine Kolonien. Die Bestimmungen über den Abbau der Zölle gelten auch hier. Die Angehörigen der Gliedstaaten haben in den Kolonien gleiche Rechte in Bezug auf Handel, Ausübung von Gewerben, Erwerb von Grund und Boden und so weiter. Nach Ablauf der wirtschaftlichen Abrüstungszeit müssen sämtliche Offiziere und Beamten der Kolonien beider Sprachen völlig mächtig sein. Bei der Anstellung von Beamten, Richtern und Militärpersonen ist die Parität zu wahren.

Natur weiser als Menschenwitz

Am nächsten Morgen wurde Bachmüller durch jenes dem Vogelgezwitscher ähnliche Geräusch geweckt, das wir hören, wenn wir während der Freiviertelstunde an einem Schulhof vorüber gehn. Er trat ans Fenster und sah eine ganze Horde von Buben davor versammelt, die wie die Stare schwatzten und wie die Gänseriche die Hälse reckten. Im Vordergrunde stolzierte Paulchen, offenbar der im Augenblick hochverehrte Anführer der Bande.

„Onkel Hans! Ach, Onkel Hans!"

„Ja, was ist los?"

„Onkel Hans, zeig uns doch die Zeitmaschine!"

Er nickte Gewährung. Ein ungeheures Jubelgeschrei erschütterte die Luft.

„Einen Doppelposten an die Tür, Paulchen, einen anderen ans Fenster. Wer einzudringen versucht, der trägt meine beste Handschrift in Fraktur auf seiner Hinterfront heim."

Erneutes Gebrüll des Entzückens.

Bachmüller machte sich eilig fertig und trat in den Garten. Scheu umstanden ihn die Jungen. „Fridl hat den Schlüssel, geh ihn holen." Paulchen sauste im Marathontempo ab und war fast im Augenblick zurück. Sein Bruder und die drei Frauen folgten ihm etwas langsamer.

„Ist denn heute keine Schule, ihr Krawaten?"

„Aber Onkel Hans, heute ist doch Sonntag."

„Nein, Dienstag – ach so, schon recht!"

Er rollte die Maschine aus dem Schuppen heraus die Buben machten Stielaugen.

„Soll ich sie euch vorführen?"

„Ach ja, ja bitte", erklang es aus dreißig Mündern.

„Also, passt auf!"

Als er nach zwei Minuten wieder sichtbar unter ihnen war, war das Triumphgeschrei geradezu betäubend.

„So, nun geht heim, ihr Gesindel. Auf Wiedersehen! Nein, heute gibt's noch keine Autogramme. Heute habe ich keine Zeit. Ein andermal, marsch!"

Begeistert zog die Horde los; nur Paul blieb zurück, heiß beneidet und bewundert. Ein Mond, auf den voll das Licht der strahlenden Sonne fiel.

„So, mein Kerlchen, guck her. Hier diese zwei Schrauben nehme ich heraus – jetzt ist die Maschine unbrauchbar. Später werden wir sie hinbringen, wo sie hingehört – zu deinem Vater ins Physikalische Institut. Und jetzt wollen wir frühstücken gehen."

Der Professor war schon fort. Nach dem Imbiss hub Bachmüller an:

„Von eurer politischen Ordnung habe ich einen ersten Begriff. Wo kann ich über die wirtschaftliche Ordnung das Grundsätzliche erfragen?"

Frau Bachmüller sah lächelnd auf ihren Jungen, der aufgeregt auf seinem Stuhle zappelte. „Na, Paulchen, jetzt kannst du dem Onkel einmal zeigen, was du gelernt hast. Das lernen unsere Kinder nämlich schon in der Tertia, in der Bürgerkunde."

Paul setzte sich in Positur. „Wir leben im freien Sozialismus – seit der Erlösung. Vorher war der Kapitalismus; er hatte die ganze Welt in scheußliche Unordnung gebracht. In unserem Schulbuche ist da eine Zeichnung: ein Kessel, das ist der Markt. In den führt oben ein dickes Rohr hinein, und unten ein dünnes heraus. Na, natürlich konnte man oben nicht mehr hineinpumpen, als unten abfließen konnte. Das wollten aber die dummen Kerls nicht verstehen. Sie pumpten oben immer mehr Güter hinein und wunderten sich, dass sie wieder herausstrudelten. Das nannte man eine Wirtschaftskrisis."

„Was bedeutet denn das Abflussrohr?"

„Na, den Verbrauch. Das Volk konnte nicht kaufen, was es an Gütern hergestellt hatte. Wer arbeitete, bekam bloß seinen

Lohn, und das Übrige kriegten die Leute, denen die Arbeitsmittel gehörten – das Land und die Maschinen."

„Aber die hatten doch auch ihren Verbrauch?"

„Ja! Und sie verbrauchten auch soviel, wie sie irgend konnten und durften. Aber sie *konnten* nicht alles verbrauchen, weil es nur wenige waren und weil jeder nur einen Magen hatte, und nicht täglich zwanzig neue Anzüge und ein neues Auto brauchte. Und sie *durften* nicht alles verbrauchen, weil ihre Konkurrenten immer neue, stärkere Maschinen anschafften, und weil sie das mitmachen mussten, sonst wären sie bankrott gegangen. Und das bedeutet eben, dass das Zuflussrohr oben immer größer wurde, während das Abflussrohr unten immer gleich groß blieb."

„Richtig", sagte Bachmüller. „Zu meiner Zeit heizten sie in Nordamerika mit Weizen, und in Brasilien schmissen sie den Kaffee ins Meer – und in Europa verkamen die Menschen, weil sie nicht genug Brot hatten und tranken Ziechorienbrühe. Wir waren bettelarm vor lauter Reichtum. Zwanzig Millionen Menschen schrien nach Arbeit, wo doch alles vorhanden war, um sie zu beschäftigen: das Land, die Fabriken, die Kohlen, das Eisen, die Wolle und die Baumwolle, – und der Hunger nach den Gütern, die damit erzeugt werden konnten!"

„Genau so hat es uns Herr Winter erklärt. Die Menschen müssen doch damals furchtbar dumm gewesen sein! Das versteht doch ein Quartaner, dass man das Abflussrohr gerade so weit machen muss wie das Zuflussrohr. Dann konnten sie oben so viel hineinpumpen, wie sie nur wollten. Es kam doch alles unten glatt heraus, und alle Menschen waren reich – wie wir."

„Leicht gesagt, mein Paulchen, aber schwer getan! Wie sollte man das aber anfangen? Darüber haben sich zu meiner Zeit die klügsten Leute den Kopf zerbrochen. Da waren zum Beispiel die Kommunisten …"

„Die waren noch dümmer", trompetete Paul. „Das hat uns Herr Winter auch sehr schön erklärt. Sieh mal, ein Volk, das ist ein lebendiger Körper, ähnlich wie ein Tier, nur unsterblich. Und jeder lebendige Körper lebt nach seiner eigenen Natur, und, das steht an unserer Klassenwand geschrieben: ‚Natur ist weiser als Menschenwitz!' Die Kommunisten aber, die wollten aus dem Volk eine Maschine machen, gerade so, als wenn einer dem Menschen das Herz herausschneidet und eine Pumpe dafür einsetzt."

„Was ist denn nun die ‚Natur' eines Volkes?"

„Die freie Konkurrenz."

Bachmüller fuhr auf. „Da schlag doch Gott den Deubel tot. Die freie Konkurrenz? Die war doch gerade unser Unglück?"

„Ja, das habt ihr geglaubt, und nur darum habt ihr den Weg nicht gefunden – zur Erlösung. Aber das war der allerdickste Irrtum. Was ihr hattet, das war das Gegenteil davon, das war die *gefesselte* Konkurrenz. Die freie Konkurrenz, die hatte es schon seit fünftausend Jahren nicht mehr gegeben."

„Hatte es sie denn vorher gegeben?"

„In Europa hunderttausend Jahre! Das war das goldene Zeitalter, das die Leute nie ganz vergessen haben. Da waren sie alle frei und alle gleich reich. Den Bauern in der neuen Steinzeit ging es gut, obgleich sie ihre Geräte nur aus Knochen, Holz und Stein machten. Sie bauten das Feld, hatten Rinder, Schweine, Schafe und Geflügel, hatten gute Kleider aus Leinen und Wolle, und jeder hatte sein wetterfestes Häuschen."

„Damals gab es auch nur so wenig Menschen!"

„Ach, das hat damit nichts zu tun! Im Gegenteil: Je mehr Menschen da sind, umso reicher sind sie natürlich, weil sie die Arbeit unter sich verteilen können und immer bessere Werkzeuge haben. Nein, sie waren wohlhabend, weil alles ihnen gehörte, was sie hervorbrachten. Sie hatten keinen Herrn, dem sie abzugeben hatten."

„Woher weiß man das?"

„Aus den Ausgrabungen. Alle Häuschen waren gleich groß, es gab keine Herrenhäuser und keine Burgen, und es gab keine Kunstwerke aus edlen Stoffen. ‚Herrenkunst', nennt das Herr Winter. Und dann: Es gab ja noch steinzeitliche Stämme zu deiner Zeit in Asien und Amerika, und die waren auch alle frei und alle gleich reich oder gleich arm. Wenn einer mehr hatte als die anderen, so musste er abgeben, sonst wurde er verachtet."

„Das ist mir alles bekannt, mein Junge. Aber das hat doch nicht angehalten. Daraus hat sich dann doch die Gesellschaft der Ungleichheit entwickelt."

„Nee, Onkel Hans! Da wart ihr mal wieder bös auf dem Holzwege. *Gar* nichts hat sich ‚entwickelt‘, – das heißt: von innen her. *Von außen* kam die Veränderung, vor ungefähr fünftausend Jahren. Da kam das eiserne Zeitalter, mit dem Eisen und dem Schlachtross. Die wilden Steppenreiter brachen aus Asien hervor, als das Eis sich zurückzog, das sie bis dahin eingesperrt hatte wie in einen Käfig, und sie unterwarfen einige von den Bauern und lehrten andere die Eroberung und die Herrschaft. Das nennt Herr Winter ‚das Zeitalter der Wanderung und Eroberung‘. Damals erst entstand der Staat, wie die Weltgeschichte ihn kannte, – bis zur Erlösung. Und damals entstanden die Unfreiheit und die Ungleichheit. Die Sieger nahmen das Land, und die Besiegten mussten es als ihre Knechte bebauen. Die Sieger waren die Reichen, die Besiegten die Armen."

„Junge, Junge."

„Wahrhaftig, Onkel Hans. Herr Winter sagt, das ist die heilige Wahrheit, und das habe eure Wissenschaft schon lange vor der Erlösung gewusst. Aber damals, sagt er, kümmerte sich kein Gelehrter um das, was die andern machten, und darum hat es solange gedauert, bis die Leute die Lösung fanden, die doch so schrecklich einfach war. Sieh mal: Das große Grundeigentum, das damals entstand, das hat sich von Geschlecht zu Geschlecht fortgeerbt und ist sogar immer mehr gewachsen und gewachsen, durch das ganze Altertum und das ganze Mittelalter hindurch, bis es kaum noch einen einzigen freien Bauern mehr gab in Europa und Asien. Und als die neuen Erdteile entdeckt wurden, Amerika und Australien, da nahmen sich die Reichen auch dort alles Land und ließen die kleinen Leute nicht heran, wo sie es nur irgend hindern konnten. Sie raubten dem Volk sein Erbe, das weite Land, das niemand gemacht hatte; und so mussten sie im Lohn für die Herren arbeiten und konnten niemals für sich selbst schaffen. Die ganze Erde hatten sie gesperrt, die Idioten, die Schweinehunde." Der Junge bebte vor Empörung.

„Brav, mein Sohn", sagte Frau Barbara. „Jetzt wird's aber schwieriger, jetzt lass mal Fridl weiterberichten."

„So gut ich kann. Also sieh mal, Hans, damit war ein *Monopol* geschaffen. Und darum gab es keine freie Konkurrenz, solange es bestand."

„Halt mal still, das musst du mir doch näher erklären."

„Gern. Ein Monopol besteht überall dort, wo einer von Zweien, die irgendetwas austauschen, eine übermächtige Stellung hat. Dann erhält der Monopolist Mehrwert. Wenn er etwas verkauft, erhält er mehr, als die Ware wert ist, und wenn er etwas kauft, bezahlt er weniger, als es wert ist."

„Wenn man nur wüsste, was die Ware wert ist."

„Das weiß man ganz genau. So viel sie bringt, wenn völlig freie Konkurrenz besteht. Du bist doch Ingenieur. Du weißt, dass überall, wo zwei Kräfte gegeneinander wirken, ein Zustand ist, wo sie sich gegenseitig aufheben, oder wo sie sich im Gleichgewicht befinden."

„Natürlich! Zum Beispiel der Wasserspiegel oder die Waage."

„Gut, dass du die Waage anführst. Der Markt ist so eine Art von Waage. Die Kräfte, die gegeneinander wirken, sind Angebot und Nachfrage. Wo haben sie wohl ihr Gleichgewicht?"

„Offenbar dort, wo alle Arbeit gleicher Güte das gleiche Einkommen erzielt."

„Richtig! Paul, hol doch mal deine Bürgerkunde. Höre, was schon 1776 der große Adam Smith drucken ließ, den sie den Vater der Nationalökonomie nennen:

‚Wenn in derselben Gegend irgendeine Beschäftigung entweder vorteilhafter oder weniger vorteilhaft wäre als die übrigen, so würden in dem einen Falle so viele ihr zuströmen, in dem anderen so viele sich von ihr abwenden, dass ihre Vorteile bald wieder mit denen anderer Beschäftigungen in eine Linie kämen.'

Und hier ist noch eine andere Stelle, auch aus einem berühmten Buch, das zu deiner Zeit schon hundert Jahre alt war. Es ist der *Isolierte Staat* von Johann Heinrich von Thünen, dem Deutschen, der unbestritten der größte Denker seines Faches war. Er fragt, wo das Gleichgewicht ist, auf das die freie Konkurrenz hinstrebt, und antwortet: ‚Wenn durch den Preis der Ware die Arbeit von gleicher Qualität in allen Gewerben gleich hoch gelohnt wird, so findet das Gleichgewicht statt'.

„Richtig! Auf die Dauer kann der Schuster nicht mehr verdienen, als der Schneider, der Fabrikant von Automobilen nicht mehr als der Fabrikant von Stecknadeln, der Arzt nicht mehr als der Anwalt. Das ist die ganze Lehre von der freien Konkurrenz und fast die ganze Lehre von der Volkswirtschaft überhaupt. Darum lernen es die Kinder bei uns schon in der Tertia und mehr brauchen sie auch nicht zu wissen. Es gibt auch nur noch Professuren für die Geschichte der Volkswirtschaft."

„Unmöglich! Sogar auf der technischen Hochschule mussten wir mehrere Semester Volkswirtschaft hören und wurden darin examiniert. Mir brummt heut noch der Schädel davon. Und später in meiner Einsiedlerzeit, wo ich soviel darüber las, wurde ich immer konfuser; hundert Probleme – und zehntausend Antworten. Und das soll alles eitel Dunst gewesen sein?"

„Kannst dich heilig darauf verlassen. Weißt du, was Professor Ullrich sagt? Der französische Historiker Taine spricht einmal davon, man glaube in ein Fieberlazarett geraten zu sein, wo die Kranken mit leuchtenden Augen halluzinieren, wenn man die Streitschriften der Sekten aus der ersten Zeit des Christentums studiert. Lauter Probleme, die es gar nicht gibt: War Jesus gottgleich oder gottähnlich? Hatte er eine oder zwei Naturen? Einen oder zwei Willen? Bissen sich wie die Hamster, die gelehrten Herren, die Professoren von damals. Und ließen ihre Völker in den Abgrund schlittern. Daran ist das große Reich von Byzanz zugrunde gegangen, verlor seine besten Provinzen an die Araber, weil die Gläubigen der ‚Einnatur‘ lieber ihnen als denen der ‚Zweinatur‘ in Byzanz gehorchen wollten. Gerade so, sagt er, ist ihm zumute, wenn er die Bücher eurer Zeit liest: über den Staat, über den Wert, über das Geld und so weiter. Und eure Professoren waren gerade so gefährlich und führten in ihrer Verbissenheit die Völker gerade so an den Abgrund. Nichts ist gefährlicher, sagt er, als so ein echter und rechter Professor.“

„Leider! Als ich abreiste, schlugen sie sich um die Geld-lehre. Hatten in Amerika ein ganz neues Geld ausgeheckt: die ‚Indexwährung‘, und die Arbeitslosigkeit wurde immer schlimmer. Hoffnungslos!“

„Siehst du! Aber sie zappelten nur so, weil sie sich einbilde-ten, der Kapitalismus sei freie Konkurrenz. Und es war doch alles so klar und einfach! Nicht wahr: Wem das Eigentum an den Arbeitsmitteln gehört, dem gehört doch auch der Ertrag? Und wer Großeigentum daran hat, der hat selbstverständlich auch Großeinkommen. Sie brauchten bloß einmal ihre ge-lehrte Nase in die Bücher der Geschichte zu stecken, und es konnte ihnen nicht verborgen bleiben, woher dieses Groß-eigentum stammte. Paul hat dir’s ja gesagt. Wenn sie auch nichts vom Zeitalter der Wanderung und Eroberung wissen mochten: Das hatten sie doch schon in der Schule gelernt, dass alle Staaten, von denen wir die Entstehung kennen, durch Eroberung entstanden sind, und dass überall der großgrund-besitzende Adel den Bauernbesitz auffraß und den Bauern selbst in Knechtschaft drückte. Aber was kümmerte sie die Geschichte! Der Staat, das Eigentum, die Stände, die Klassen, alles das war aus innerer friedlicher Entwicklung entstanden, und der Kapitalismus: Das war die ‚Natur‘ der Gesellschaft. ‚Kinderfibel‘, hat das euer Marx genannt, und er hatte recht.“

„Was hat das aber mit der freien Konkurrenz zu tun?“

„Schlechthin alles! Wie war denn die Lage, als die Gewerbe in den Städten begannen, sich zu entwickeln? Fast das ganze Land im Besitz des Adels, die Bauern recht- und besitzlose Knechte, Auswanderung unmöglich, seit alles erreichbare Land gesperrt war. Wenn sie nicht als Diebe gehenkt werden oder verhungern wollten, mussten sie sich den Herren zur Arbeit anbieten. Nimm an, jeder habe durchschnittlich fünfzig Zentner Getreide hervorgebracht. Wieviel hat ihm der Herr wohl gelassen? Vielleicht zwanzig, vielleicht dreißig, keinesfalls mehr, als dass er mit seiner Familie gerade notdürftig leben konnte. Den ganzen Rest nahm er für sich. Es ging dem Bauern auch nicht besser, wenn er das Recht hatte, fortzuziehen und sich einen anderen Herrn zu suchen. Denn es gab mehr Arbeiter, als gebraucht wurden, und der andere Herr gab auch nicht mehr Lohn. Wie würdest du das Verhältnis nennen, das hier vorlag?“

„Natürlich ein Monopol.“

„Bravo! Wo aber ein Monopol ist, da ist keine freie Konkurrenz.“

„Halt, wieso?“

„Weil die Begriffe sich ausschließen wie Tag und Nacht, Tod und Leben. Freie Konkurrenz heißt Wirtschaft ohne Monopol, Monopol heißt Ausschluss der freien Konkurrenz aufgrund einer Übermacht. Wo Konkurrenz besteht bei Vorhandensein von Monopolen, da ist es nicht freie, da ist es gefesselte Konkurrenz. Da zieht der Monopolist am langen Hebelarm, da ist die Waage des Marktes gefälscht, – und das war der Kapitalismus.“

„Herrgottsakra.“

„Und nun verstehst du, Hans, was zu tun war. Es war keine funkelnagelneue Wirtschaftsmaschine aufzubauen, wie die Kommunisten faselten, sondern bloß die Konkurrenz von ihren Hemmungen zu befreien. Und das war, einmal erkannt, sehr einfach. Im Verhältnis zu den Utopien der Weltverbesserer soviel einfacher, wie es einfacher ist, einem geknebelten Menschen die Fesseln abzunehmen, als einen künstlichen Menschen zu fabrizieren."

„Was habt ihr also getan?"

„Vollendet, was die großen bürgerlichen Revolutionen nur halb getan hatten. Sie haben den Menschen befreit, gaben aber der Masse damit kaum eine andere Freiheit als die, zu verhungern. *Wir haben auch die Erde befreit! Das war die Erlösung.*"

„Bodenreform, wie Henry George? Nationalisierung des Bodens wie Stuart Mill? Freiland-Freigeld wie Silvio Gesell?"

„Nichts von allem dem. *Innere Kolonisation!* Das große Grundeigentum war ja schon zu deiner Zeit todkrank. Es kann eben auf die Dauer nicht ohne die Unfreiheit bestehen. Unsere Großväter haben so viel Land, wie nötig war, ehrlich gekauft, es war nicht einmal so viel nötig, wie angeboten wurde, und haben es den Besitzlosen sehr billig abgegeben. Nach kurzer Zeit gab es keine ‚Arbeiter' mehr, die sich um jeden Preis anbieten mussten. Bis dahin waren immer zwei Arbeiter einem Kapitalisten nachgelaufen und hatten sich unterboten. Jetzt liefen immer zwei Kapitalisten einem Arbeiter nach und überboten sich. Da musste der Lohn steigen, bis der Mehrwert verschwunden war, und der Kapitalist nichts weiter hatte, als seinen Arbeitslohn, seinen ‚Unternehmerlohn', der ihm zukam."

„Großartig! Und das war alles?"

„Nun, für die Übergangszeit waren noch einige Hilfsmaßnahmen erwünscht. Die Bergschätze und Wasserkräfte, die ja auch zur Erde gehören, wurden verstaatlicht, soweit sie es nicht schon waren; und da jetzt das Volk alle politische Macht hatte, wurden die alten Großvermögen durch kräftige Steuern auf den Besitz, das Einkommen und die Erbschaften schnell auf ein gesundes und ungefährliches Maß zurückgeschnitten."

„Wo begann das?"

„Bei uns in Deutschland, nach dem Bunde mit Frankreich. Da hatten wir die Arme frei und neues Vertrauen in die Zukunft."

„Und die anderen Länder?"

„Mussten folgen. Wenn ihre öffentliche Meinung es nicht so stürmisch gefordert hätte, hätte doch die freie Konkurrenz sie dazu gezwungen. Wir wurden schnell sehr reich. Du weißt, dass die Maschine für den Unternehmer nichts als ein Ding ist, das ihm Löhne erspart: Dass es dem Volke Arbeit spart, geht ihn als Unternehmer nichts an. Je höher also der Lohn, umso größere und stärkere Maschinen sind rentabel. Aber solche Maschinen liefern nun wieder das Einzelprodukt viel billiger. Denke an euren Ford, der alle seine Konkurrenten unterbieten konnte. Wir konnten auch alle Konkurrenten unterbieten. Da mussten die anderen nach."

„Und das Großgrundeigentum in den Kolonialländern? Und das städtische Großeigentum an Häusern und Baugelände?"

„Als die massenhafte Einwanderung der besitzlosen Proletarier nach den Kolonien aufhörte, weil sie in Europa freie wohlhabende Bauern werden konnten, waren die Latifundien drüben nicht mehr zu halten, weil sie keine Arbeiter mehr hatten oder fantastische Löhne bezahlen mussten. Es ging ihnen just wie den Baumwollpflanzern in den Südstaaten nach der Negerbefreiung. Und noch ärger erging es den Hausagrariern. Die Zuwanderung vom Lande hörte auf, ja machte einer mäßigen Fortwanderung aufs Land Platz, weil die vielen neuen Dörfer Handwerker aller Art, und Lehrer und Ärzte in Masse brauchten. Damit waren alle spekulativ gehaltenen Baugelände entwertet. Und die hochentlöhnten Arbeiter in den Städten wollten nicht mehr in den jämmerlichen Mietskasernen ohne Licht und Luft hausen und zogen sich ins Grüne. Wo sich jeder sein Auto halten kann, spielt die Entfernung keine Rolle mehr."

„Darum sind also die scheußlichen Vorstädte verschwunden!"

„Ja, und mit ihnen der größte Teil der Krankheiten, der Unsittlichkeit und der Verbrechen. Satte, gut erzogene Menschen in anständiger Umgebung sind in aller Regel gesund und sittlich. Wir sind wahrlich nicht zu ‚Engeln' geworden, aber es tritt nur selten an einen von uns eine Versuchung heran, die stärker sein könnte, als die normale Widerstandskraft. Ich sagte dir schon einmal: Bei uns ist niemand mehr reich genug, um viele zu kaufen, und niemand arm genug, um sich verkaufen zu müssen."

„Ich danke euch beiden von Herzen", sagte Bachmüller. „Zwar habe ich noch viele Fragen, aber jetzt muss ich meine Ansprache für den Rundfunk ausarbeiten. Schon bin ich fast überzeugt. Aber ich möchte doch noch mit einem Fachmann sprechen können."

„Ich melde dich bei Professor Ullrich an, er wird sich freuen."

Liliput, Brobdingnag und Jakobs Hobel

„Nun, du Wundermensch", sagte Professor Ullrich, als Hans Bachmüller zur verabredeten Stunde bei ihm eintrat. „Wie schmeckt die Berühmtheit?"

„Schlecht, Professor! Heute morgen umsummte mich ein wahrer Hornissenschwarm von Reportern und Fotografen. Interviews habe ich verweigert, aber gefilmt haben sie mich nach der Schwierigkeit, mich und die Zeitmaschine."

„Dann ist dein Bild heute in allen Abendblättern der Erde. Die Telefotografie ist hoch entwickelt. Haben sie dich auch am Telefon konterfeit?!"

„Ich musste mich zuletzt verleugnen lassen, sonst hätte ich hier nicht pünktlich antreten können", seufzte Bachmüller. „Yokohama und Tananarivo, Seattle und Kapstadt, Brisbane und Timbuktu waren dabei. Herrgottsakra! Ich glaube, es gibt im Stillen Ozean keine Koralleninsel, die mich nicht persönlich dringend sprechen wollte."

„Na, da wirst du heute Abend erst dein blaues Wunder erleben. Hast du die vielen Flugzeuge gesehen? Sie verdunkeln den Himmel, wie die Pfeile der Perser. Lauter Berichterstatter: Dein Vortrag hat in das Olympia-Stadion verlegt werden müssen. Du bist die größte Sensation, seit Marwitz von seinem ersten Raumflug zum Monde zurückkehrte. Man wird verlangen, pass mal auf, dass du die Zeitmaschine in Tätigkeit vorführst."

„Ich werde mich schwer hüten. Die habe ich hingeschafft, wo sie hingehört, ins Physikalische Institut, nachdem ich sie verriegelt hatte. Den Schlüssel hat mein Großneffe im Stahlschrank. Übrigens ist nichts daran zu sehen. Ich bin weg und wieder da. Das ist alles."

„Also zur Sache. Was hast du zu fragen?"

„Lass mich zuerst sagen, was ich schon verstanden habe. Meine Zeit glaubte fälschlich, in freier Konkurrenz zu leben, weil sie nichts von den großen Monopolen wusste."

„Wissen *wollte*! Schon vor zweihundert Jahren hat der Amerikaner Carey die Wahrheit fast ganz in der Hand gehabt und sein deutscher Schüler Dühring und dessen Schüler haben sie immer wieder in die Welt hinausgerufen. Aber niemand wollte hören."

„Wie ist das zu erklären?"

„Klassenbefangenheit! Die Bürger verteidigten unbewusst ihre Privilegien – und die Proletarier ließen sich von ihnen das Gesetz des Denkens vorschreiben. Der Kommunismus war nichts als das fotografische Negativ des Kapitalismus: schwarz wo weiß, weiß wo schwarz war. Die Bürger erklärten die gefesselte, oder sagen wir besser die ungleiche Konkurrenz, das heißt die Konkurrenz zwischen Ungleichen, für die freie oder gleiche Konkurrenz, und deshalb wollten die Arbeiter die Konkurrenz überhaupt abschaffen. Väterchen Staat als russischer Muschik*! Verteilt die Arbeit und den Ertrag unter seine Angehörigen. Das macht ja auch keinen Unterschied, ob es sich um zwanzig Kinder und Enkel, oder zweihundert oder zweitausend Millionen Menschen handelt. Statistisches Zentralbureau, Plan setzt fest, was, wie und wo an Gütern hergestellt wird, wie es dahin gebracht wird, wo man's braucht, und an wen es ausgegeben wird. Irrtümer gibt's nicht! Reibung gibt's nicht! Der Mensch als Maschinenteilchen – wahrhaftig, von allen Illusionen eurer wahnsinnigen Zeit die allerverrückteste!"

„Gut, ich verstehe. Man hielt die Krankheit für die Gesundheit."

„Richtig. Stell dir eine ganz isolierte Insel vor, deren sämtliche Einwohner schon als kleine Kinder malariakrank werden. Was werden die Anatomen glauben müssen? Natürlich, dass eine Riesenmilz die Norm ist. Das sind eure Mammutvermögen. Die Physiologen werden annehmen, dass alle zwei

---

* „Muschik" ist das russische Wort für einen (leibeigenen) Bauern.

Tage Schüttelfrost und hohes Fieber natürlich sind. Das sind eure Wirtschaftskrisen. Und die Priester werden zu einem Gott des Fiebers nach einem feierlich ausgebildeten Zeremonial beten lassen und das Schwarzwasserfieber als Strafe der Sünden darstellen."

„Unser geistreicher Landsmann Friedrich Vischer hat in seinem Roman *Auch Einer* eine solche Religion geschildert, die des Schnupfengottes."

„So, muss ich mal lesen. Also, was weiter?", fragte Professor Ullrich.

„Ich verstehe, dass mit der Abschaffung der Monopole der Mehrwert verschwinden muss. Die Riesenvermögen und Rieseneinkommen des Kapitalismus kann es nicht mehr geben, ebensowenig wie allgemeine Krisen. Die Ergiebigkeit der Arbeit ist sehr groß, dank der Verwendung sehr starker Maschinerie; daher lebt jeder Arbeitende in Wohlstand."

„Deine Zeit hätte es Reichtum genannt."

„Noch besser! Der Mensch hat mehr Diener aus Stahl als der Patrizier Roms Sklaven aus Fleisch und Bein. Und das alles muss sich immer mehr verbessern, solange noch freies Land vorhanden ist. Was aber dann?"

„Darüber mögen sich unsere Nachkommen im vierten oder fünften Jahrtausend die Köpfe zerbrechen, wenn sie dann Grund dazu haben. *Die Erde ist leer.* Das Land reicht noch für viele Jahrhunderte, und mögen wir noch so schnell an Zahl zunehmen. Wir sind jetzt zwei Milliarden Köpfe, davon ein knappes Viertel in der Landwirtschaft. Die Erde hat über dreizehn Milliarden Hektar nach Abzug der Ozeane, Wüsten, Steppen und Polarländer. Macht durchschnittlich pro Kopf der Bauernbevölkerung sechsundzwanzig Hektar, je Familie von fünf Köpfen hundertdreißig Hektar. Unsere Bauern haben durchschnittlich weniger als fünf Hektar. Rechne selbst!"

„Ich bin beruhigt. Der Zustand, den ihr erreicht habt, ist vom Standpunkt der Ethik aus das Ideal. Er verwirklicht die

Gerechtigkeit. Jeder nimmt soviel an Wert aus dem Markte, wie er hineingetan hat."

„Er verwirklicht auch das Ideal der Wirtschaftlichkeit. Nur unter diesen Bedingungen gibt die große Masse aller Menschen ihr Bestes her."

„Auch damit bin ich einverstanden. Aber, und das ist meine erste Frage: Warum nennt ihr das ‚Sozialismus'? Das ist es doch nicht!"

„Warum nicht?"

„Weil Sozialismus *Gleichheit* bedeutet. Aber freie Konkurrenz führt ja eingeständlich nur zur Gleichheit zwischen Gleichen, nur zwischen Menschen gleicher Begabung und Leistung."

„War Plato Sozialist?"

„Sogar Kommunist und der konsequenteste von allen."

„Nun, und gerade Plato hat gerade dieses Ideal der Gleichheit aufgestellt: den Gleichen Gleiches, den Ungleichen aber Ungleiches!"

„Ich bin für Plato", sagte Bachmüller. Also ist auch dieses Ideal verwirklicht, nennt's wie ihr wollt. Über Worte soll man nicht streiten. Aber, meine zweite Frage: Kann diese Ungleichheit der Einkommen nicht doch gefährlich werden?"

„Das ist nicht eine, das sind zwei Fragen. Erstens: Wie hoch können die Unterschiede ärgstenfalls sein, und zweitens, was kann dann passieren?"

„Gut, Numero eins."

„Nicht wahr, die Unterschiede des Einkommens müssen in der monopolfreien Wirtschaft genau im Verhältnis stehen zu denen der Begabung und Leistung?"

„Ja!"

„Kann man die wirtschaftliche Begabung messen?"

„In einzelnen Fällen gewiss. Beim Akkord! Ein starker Lastträger oder Erdarbeiter schafft und verdient mehr als ein schwacher. Muskelkraft ist exakt messbar. Aber rohe Kraft entscheidet nur selten. Wirtschaftliche Begabung umfasst mehr. Vor allem: Intelligenz."

„Dann hätte Gabriel Heinemann der reichste Mann seiner Zeit sein müssen!"

„Nun ja. Es gehört noch dazu Aufmerksamkeit, Konzentrationsfähigkeit, Ausdauer, Willenskraft."

„Kann man alles messen, und Heinemann besaß das alles."

„Aber Intelligenz kann man nicht messen!"

„Zugegeben. Aber sie ist auch nur ein einziger Bestandteil der vielfältigen Begabung, die man wirtschaftliche Qualifikation nennt. Und man kann sie immerhin schätzen. Nicht wahr, es handelt sich doch um eine Frage der Größenordnung?"

„Gewiss."

„Wäre es da nicht geboten, uns an anderen menschlichen Eigenschaften und Fähigkeiten zu orientieren?", fragte Professor Ullrich.

„Unzweifelhaft!"

„Gut. Wie verhalten sich messbare menschliche Eigenschaften, zum Beispiel die Körpergröße, und Fähigkeiten, zum Beispiel die Sehschärfe? Gibt es einen erwachsenen Menschen, der zehnmal so groß ist wie ein anderer erwachsener Mensch? Oder kann jemand auf die zehnfache Entfernung Schrift lesen, wie ein Normalsichtiger?"

„Soviel ich weiß, nein! Bei den Zwergvölkern am Kongo ist der erwachsene Mann zwischen 1,20 und 1,30 Meter hoch, die Riesen Polynesiens messen im Durchschnitt hundertachtzig Zentimeter. Ein normales Auge kann dreitausendzweihundert Sterne zählen, und das höchste Wunder war ein Mensch, der fünftausendvierhundert zählen konnte."

„Und gerade so gering sind die Unterschiede der Muskelkraft, der Aufmerksamkeit, Ausdauer und so weiter, natürlich immer abgesehen von Kranken, Blinden, Krüppeln und so weiter. Wird es bei der Intelligenz sehr wesentlich anders stehen?"

„Ich weiß nicht …"

„Aber ich weiß. Ich wusste, dass ich dir diesen Zahn würde ziehen müssen. Der sitzt am tiefsten. Er wurzelt nämlich in der menschlichen Eitelkeit. Derart erklärten die Bürger die kolossalen Unterschiede der wirtschaftlichen Lage im Kapitalismus. Rockefeller hatte zwanzigtausendmal soviel Einkommen wie ein gewöhnlicher Arbeiter. Aber war Rockefeller zwanzigtausendmal so begabt? Kennst du Gullivers Reisen? Wenn die Däumlinge von Liliput mit den Riesen von Brobdingnag eine einzige Gesellschaft bildeten, wäre der Unterschied der Körpergröße noch hundertmal geringer als der hier vorausgesetzte Unterschied der Geistesgröße. Hast du mal einen eurer Großkapitalisten kennengelernt? Lauter Genies, was?"

Bachmüllers Gesicht wurde hart. „Einige kannte ich. Ein paar recht kluge Leute darunter. Die meisten – Riesen, aber nur an Selbstsucht und Blindheit: Nach uns die Sintflut!"

„Und die Arbeiter? Lauter Schwachsinnige?"

„Viel Stumpfheit, viel dumpfer Fanatismus. Bei *dem* Leben sehr verständlich. Aber glänzende Kerls dabei! Leuchtende Klugheit, zähe Kraft, herrlicher guter Wille."

„Also?"

„Also", sagte Bachmüller, „dürfte das größte Einkommen kaum mehr als das Drei- bis Vierfache, höchstens das Zehnfache des geringsten sein, wenn die Begabung die einzige Bedingung wäre. Ich sehe natürlich ein, dass die ganzen Klassenunterschiede im Kapitalismus in den Monopolen wurzelten und mit deren Beseitigung wegfallen mussten. Aber es bleiben noch immer die *Erbschaften* der Begabten, und die könnten doch allmählich zu sehr bedeutenden Vermögen anwachsen. Ich denke an große Künstler, berühmte Chirurgen, geniale Erfinder und Organisatoren."

„Du hast dein Kolleggeld nicht umsonst bezahlt", lachte Ullrich. „Das war die klassische Lehre der Bürger, ‚ursprüngliche Akkumulation' nannten sie das. Woher stammten wohl die großen Einkünfte jener Hochbegabten deiner Zeit, der berühmten Porträtmaler, Ärzte, Verteidiger, Schauspieler und so weiter?"

„Aus Honoraren natürlich."

„Wer konnte solch hohe Honorare bezahlen?"

„Die reichen Leute."

„Also: Wo es keine übermäßig Reichen gibt, die so fürstliche Honorare zahlen können, können demnach auch die Hochbegabten keine so übermäßigen Einkünfte haben."

„Das sehe ich ein."

„Dann ist der erste Punkt erledigt. Der Reichtum der seltenen Hochbegabten im Kapitalismus war zum größten Teil abgeleiteter Reichtum, gerade so wie das Taschengeld der reichen Lebejünglinge aus den oberen Zehntausend. Es stammte aus dem monopolistischen Mehrwert. Ich will noch kurz bemerken, dass Genie nur selten erblich ist. Bei den bekannten ‚Dynastien' der Musiker und Mathematiker handelte es sich ganz offenbar ebensowohl um frühzeitige Erziehung zum Fach wie um angeborene Begabung. Wir kommen zur zweiten Frage. Irgendein Hochbegabter unserer Zeit hat ein verhältnismäßig hohes Einkommen. Was fängt er damit an?"

„Er wird sparen können."

„Das sind wieder zwei verschiedene Fragen. Erstens: Wieviel kann und wird er sparen? Und zweitens: In welchen Werten wird er sparen? Zur ersten Frage: Was würdest du selbst tun, wenn du unter uns ein überdurchschnittliches Einkommen hättest?"

„Zunächst würde ich natürlich auch mehr ausgeben. Nicht gerade für Essen und Trinken, obgleich ab und zu einmal eine Flasche alten Edelweins nicht verachtet würde; auch eine gute Importe hier und da würde mal unterlaufen. Vor allem aber: Bücher, Musik, Gastfreundschaft, Reisen, namentlich Reisen. Und ein schnelles, bequemes Auto."

„Und so weiter", lachte Ullrich. „Verlass dich drauf, wir sind nicht anders geworden. Aber es kommt etwas dazu, was deine Zeit nur im ersten Keime kannte: Die Gesellschaft stellt an ihre bevorzugten Mitglieder sehr hohe Ansprüche, und die öffentliche Meinung ist eine Gewalt, die uns stärker zwingt als irgendein Gesetz. Der Mensch strebt vor allem nach Ehre, nach bürgerlicher Geltung in seinem Kreise, und Reichtum an sich verleiht keine Ehre mehr, sondern nur seine Verwendung. Man hat von den Eskimo berichtet, dass keiner mehr als zwei Kajaks haben durfte; man borgte sie ihm ab und gab sie ihm nicht zurück, und bei den ebenso freien und gleichen Massai wurde nach einem ihrer zehn Gebote einem verarmten Genossen die verlorene Herde von allen gemeinsam erstattet. Das gilt auf viel höherer Stufe auch bei uns, die wir ebenfalls alle frei und gleich sind. Der Bevorzugte gelangt zur Ehre nur dadurch, dass er für die Gemeinschaft opfert und leistet. Auf seine Schultern fallen alle Ehrenämter, die nur Zeit und Geld kosten, aber nichts eintragen, und von ihm erwartet man große Geschenke für die Wohlfahrt und die Verschönerung des Ganzen. Dein eigener Verwandter, der Professor, ist ein Beispiel dafür. Er hat große Einnahmen aus seinen Patenten."

„Patente? Gibt es Patente?"

„Warum nicht?"

„Weil sie Monopole sind."

„Ja, aber nützliche Monopole, weil sie die Erfindungsgabe befeuern, und harmlos, weil sie befristet sind. Nun, Professor Bachmüller hat das neue Physikalische Institut auf seine Kosten erbaut und ausgestattet und der Hochschule geschenkt. Ich weiß von der Bankleitung, dass so ziemlich seine ganzen Patenteinnahmen darauf verwendet wurden und noch werden. Und so handeln fast alle. Die Erde ist bedeckt mit Denkmälern, Museen aller Art, Bibliotheken, Musterspitälern, Forschungsstätten und so weiter und so weiter, alles Stiftungen der Bevorzugten."

„Ansätze dazu fand ich schon in den Vereinigten Staaten."

„Ja, und im Altertum findest du Ansätze zum Beispiel in Athen, wie Demosthenes berichtet, und in der guten Zeit des römischen Kaiserreichs. Die Bürger schmückten ihre Stadt, zu deren und ihrem Ruhme. Das geschieht überall, wo die Reichen im Blickpunkt der Öffentlichkeit an der höchsten Spitze der Gesellschaft stehen. So auch in den Vereinigten Staaten. In Europa aber standen die neuen Reichen im Schatten des Adels, der immer nur genommen und niemals gegeben hat, und darum opferten auch die Industriefürsten und Monopolkönige viel weniger. Dein Professor hat übrigens immer noch genug von seinem Einkommen für sich selbst verwenden können: Er hat sein Haus vergrößert und ausgebaut, den Garten gepflegt und namentlich für seine Musik viel Geld ausgegeben. Seine Streichinstrumente sind weltberühmt, alte Italiener, Amati, Stradivarius und so weiter."

„Sieh mal an!"

„Andere sammeln alte Kunst oder seltene Bücher und dergleichen. Das ist echte Ersparnis, weil alle diese Köstlichkeiten sehr wertbeständig sind, ja im Wert zu steigen pflegen. Zumeist kommt das alles ja früher oder später geschenkweise in öffentlichen Besitz – aber immerhin: Es ist doch ein Notgroschen für besondere Fälle."

„Zum Beispiel?"

„Zum Beispiel: Es hat jemand ein erwerbsunfähiges Kind und mag die öffentliche Fürsorge nicht annehmen, so vollkommen sie auch bei uns ist. Oder, was freilich kaum vorkommt, eine Spielschuld muss gezahlt werden. Junge Leute sind manchmal leichtsinnig. Oder, einer braucht Geld für eine kostspielige Expedition oder Untersuchung."

„Wenn ich dich recht verstehe, werden also die Überschüsse, soweit es solche gibt, vorwiegend schatzbildend in Horten angelegt?"

„Ja, unter Umständen sogar in Edelmetall, in Gestalt von Geräten in Gold und Silber. Das war in der ersten Zeit sogar sehr verbreitet, gilt aber jetzt als etwas lächerlich und spießbürgerlich."

„Und zinsbare Anlagen gibt es nicht?"

„Doch! Aber der Zins ist so nieder, dass es kaum lohnt. Das Angebot von Kapital ist soviel größer als die Nachfrage. Der Zins schwankt seit Jahren um 1 % herum. Erweiterungen der Anlagen können fast immer von den Beteiligten selbst aus ihren Gewinnen finanziert werden. Die Einzelwirte, die Bauern, Handwerker, freien Berufe, kleinen Kaufleute brauchen selten große Mittel auf einmal, um ihren Betrieb zu verbessern, und können das in aller Regel aus ihrem Guthaben bezahlen, allenfalls in ein paar Raten; und die großen Betriebe, die zumeist Genossenschaften sind, legen für den Zweck Reservefonds an, die in der Regel ausreichen. Wenn es einmal nicht ausreicht, zeichnen die Genossen die Anleihe fast immer selbst."

„Verzinslich?"

„Natürlich. Das verlangt doch die Gerechtigkeit. Sie bringen ja ein Opfer, um die Ergiebigkeit des Werkes zu vermehren. Wer daran nicht teilnimmt, also vor allem die später Eintretenden, hat kein Anrecht auf den ganzen Mehrertrag. Grobe Ungleichheit kann daraus nicht entstehen, denn jeder ist nur mit einer für seine Verhältnisse kleinen Summe beteiligt, in aller Regel durch allgemeine prozentuale Kürzung der Arbeitsdividende. Sie erhalten als Ausgleich dafür die Obligationen. Der Zins ist, wie gesagt, sehr gering. Vor allem aber: Auch dieser Vorteil ist befristet. Alle diese Anleihen sind in kurzer Zeit durch Auslosung tilgbar. Spätestens, wenn die neue Anlage abgeschrieben ist, sei sie nun technisch verbraucht oder nur veraltet, ist die Obligationenschuld abgetragen."

„Die Sozialisten meiner Zeit würden über Ausbeutung zetern. Zins, das war Ausbeutung, hoch oder nieder, dauernd oder befristet."

„Ist mir bekannt. Die typische Verwirrung des dynamischen mit dem statischen Zins!"

„Was bedeuten diese Fremdworte?"

„Leicht zu verstehen. Weißt du, wie Bastiat den Kapitalprofit ableitete? Jakob hat sich einen Hobel gemacht. Wilhelm leiht ihn sich aus und zahlt dafür von dem Mehrertrag an Brettern, den er mit dem vollkommeneren Werkzeug schaffen kann, ein Brett jährlich als Zins. Durchaus gerecht, und durchaus im Sinne der freien und gleichen Konkurrenz! Aber Bastiat ist auf dem Holzwege, wenn er glaubt, damit den Profit im Kapitalismus gerechtfertigt zu haben. Denn natürlich wird Wilhelm sich sehr bald aus dem ihm verbleibenden Mehrertrag an Brettern einen eigenen Hobel *kaufen* und damit der Abgabe ledig. Die vorübergehende Abgabe ist der harmlose dynamische Zins, aber der Kapitalprofit deiner Zeit war dauernd, war statisch. Er beruhte auf der Tatsache, dass der Proletarier Wilhelm dem Kapitalisten Jakob immer den *ganzen* Mehrertrag abgeben musste und daher niemals das Eigentum an den Arbeitsmitteln erwerben konnte."

„Jetzt verstehe ich. Die kleine Prämie für die Vermehrung und Verbesserung der Arbeitsmittel ist offenbar beiden Teilen nützlich und kann nicht zu bleibender Ausbeutung führen."

„So ist es. Unsere Wilhelms können sich jeden ‚Hobel' kaufen, sei er noch so kostspielig, weil der vermehrte Ertrag ihnen zufließt. Und wenn einmal die eigenen Mittel bei sehr großem Neubedarf nicht ausreichen sollten, na, dann nehmen sie eben Kredit mit schneller Tilgung auf."

„Bei wem?"

„Der große Kreditgeber ist die ‚kollektive Ersparnis', die Versicherung, durch Vermittlung der Banken, namentlich der Gaubanken, die der Gemeinschaft gehören. Aber es gibt auch private Bankiers."

„Nicht einmal Bankmonopol gibt es?"

„Wie sollte es? Wir leben unter freier Konkurrenz. Aber du musst entschuldigen, meine Zeit ist abgelaufen. Unsere Bank- und Finanzordnung wird dir der Leiter unserer Gaubank, Robert Wilke, darstellen. Du triffst ihn heute Abend nach dem Vortrag bei Henricy, unserem verehrten und geliebten Meister und Tyrannen."

Der Turm zu Babel

Das gewaltige Olympia-Stadion der Provinz hatte die ungeheure Menschenmenge nicht zu fassen vermocht, die dem Vortrag des Mannes aus der vierten Dimension lauschen und ihn selbst sehen wollte. Es hörte ihn, wie der Vorstand vorausgesagt hatte, buchstäblich die ganze Welt, soweit sie deutsch verstand, und das verstanden viele hundert Millionen. In allen Städten, Dörfern und vereinzelten Häusern aller fünf Erdteile und nicht minder auf allen Schiffen aller Ozeane drängten sich die Menschen um die Lautsprecher.

Henricy empfing seine zahlreichen Gäste in den Gesellschaftsräumen des Amtspalastes, wo ein riesiges kaltes Buffet ihrer wartete. Die schönsten Mädchen der Provinz bedienten, unter ihnen Marianne und Klara Bachmüller. Luise Berlichingen, ihre älteste Schwester, und ihren Mann, den Leiter der Baugewerbgenossenschaft Villingen, sowie ihren Bruder, Bernhard Bachmüller, den Mediziner, der aus Tübingen herübergekommen war, hatte ihm die stolze Mutter vorgestellt. Todmüde kam er lange nach Mitternacht heim.

Am nächsten Nachmittag war viel Jungvolk in des Professors Garten. Alle Kinder des Hauses, auch Bernhard und Luise, waren mit zahlreichen Freunden und Freundinnen auf der großen Veranda zum Vesper versammelt. Carmen Oliveiro, eine dunkeläugige Spanierin, die Hans Bachmüller als Luises Wahlschwester vorgestellt wurde, betreute deren hübsches Baby. Fröhliches Gespräch summte um die Tische, geführt in allen Sprachen, die Hans Bachmüller verstand, und in einigen, die er nicht verstand. Es war ihm zuweilen etwas peinlich, wie taub und stumm dabeisitzen zu müssen, wenn, oft genug, helles Gelächter aufflatterte, dessen Grund er nicht ahnte.

„Seid ihr denn alle zusammen Mezzofantis?", fragte er den Professor, der sich in diesem Gewässer mit der Leichtigkeit einer Forelle bewegte.

„Mezzofanti soll über hundert Sprachen gesprochen haben. So arg ist es nun doch nicht. Aber jeder von uns ist vielsprachig.“

„Erstaunlich!“

„Weniger, als du glaubst. Wir sind heute sämtlich gebildete Menschen. Auch zu deiner Zeit sprachen alle gebildeten Menschen mehrere Sprachen. Und die kleinen Völker, die darauf angewiesen waren, waren erstaunlich vielsprachig. Die meisten Schweizer sprachen die drei Sprachen ihres Landes; Deutsch, Französisch und Italienisch, die Rätier auch noch Romanisch, und sehr viele überdies Englisch. Jeder bessere Holländer sprach außer seinem Niederdeutsch englisch, französisch und deutsch. Und in den Grenzbezirken, zum Beispiel Deutschlands, war auch die ganze weniger gebildete Bevölkerung zweisprachig. Man sprach je nachdem ebenso gut wie deutsch polnisch, tschechisch, ungarisch, südslawisch oder italienisch –, bis eure Staaten aus den Sprachen politische Schibboleths machten und die sogenannte Staatssprache aufzuzwingen versuchten. Dann wurde es sozusagen Ehrensache, die anderen nicht mehr zu verstehen.“

„Du hast recht. Ich entsinne mich, dass in einer spaniolischen Familie Konstantinopels, deren Gast ich einmal war, die Sprache mit jedem neuen Ankömmling wechselte. Zuerst sprach man mit mir deutsch, dann mit dem Kutscher türkisch, mit der Amme armenisch, mit später gekommenen Fremden spanisch, französisch, englisch, ganz selbstverständlich und mühelos. Sie hatten schon als Kinder das alles gelernt.“

„Nun ja, Kinder sind überhaupt genial, sind viel begabter als wir Erwachsenen. Die Sprachen ihrer Umgebung fliegen ihnen geradezu zu, und es ist das Merkwürdigste, dass sie ihnen kaum je durcheinander geraten. Wir haben das nur systematisiert.“

„Wie das?“

„Nun, wer es sich irgend leisten kann – und fast alle können es sich leisten – bittet sich eine Wahlschwester zu Hilfe, so oft die Frau ein Kind hat. Du hast ja Carmen kennen gelernt. Sie kam zu Luise, als das Kind drei Wochen alt war, und nun lernt der kleine Balg Spanisch und Deutsch gleichzeitig. Fast alle jungen Mädchen in aller Welt sind mit zwanzig Jahren ausgebildete Wochen- und Säuglingspflegerinnen und oft auch Kindergärtnerinnen. Sie gehen gern in fremde Länder, um deren Sprache zu erlernen; natürlich werden sie wie die eigenen Schwestern geachtet und gehalten. Luise war in Kiew bei einem befreundeten Ehepaar, und Marianne wird nächstens nach Stockholm gehen. So haben die kleinen Kinder bereits sozusagen zwei Muttersprachen. In der Schule lernen sie eine dritte, und zwar aus dem Grunde: Du weißt, dass überall die Sprache des Nachbarlandes neben der eigenen als Unterrichtssprache eingeführt ist. Westdeutschland bis zur Elbe Französisch, Nordostdeutschland Polnisch, Sachsen und der Hauptteil Schlesiens Tschechisch. Entsprechend lernen die Franzosen des Südens Spanisch oder Italienisch, des Nordens Englisch, des Ostens Deutsch, die Polen Deutsch oder Russisch und so weiter."

„Aber die jungen Leute sprechen ja auch spanisch, italienisch und, soviel ich verstand, russisch."

„Spanisch und Russisch sind neben Deutsch, Englisch und Chinesisch die großen Weltsprachen und werden es bleiben. Darum eignen sich die meisten sie an. Unsere meisten Wahlschwestern und Wahlkinder sind spanischer oder russischer Herkunft."

„Was sind Wahlkinder?"

„Adoptivkinder, Jungens und Mädels, auf Zeit und in Tausch. Man tauscht mit den Familien. In aller Regel gehen die Kinder nur bis zum vierzehnten Jahre im eigenen Lande zur Schule. Dann werden sie ins sprachliche Ausland geschickt, und zwar in der Regel immer nur auf ein Jahr, sodass sie drei bis vier neue Sprachen und Länder kennenlernen. Bernhard war in Stockholm, in der Familie, die jetzt Marianne aufnehmen wird, in Athen und Moskau, Fridl in Mailand, Budapest und Amsterdam, Klara in Baltimore, Belgrad und Warschau."

„Keiner in Frankreich?"

„Französisch beherrschen wir Westdeutschen ja schon von der Schule her. Die Ostdeutschen gehen fast sämtlich nach Frankreich oder England. Und die kleinen Sprachtümer sind besonders stolz auf ihre Gäste. Sie sind bei der Verteilung der Welt zu spät gekommen, aber erleben auf diese Weise noch eine Erweiterung, auf die sie niemals hätten rechnen können, und die ihren Dichtern und gelehrten Schriftstellern außerordentlich zugutekommt."

„Wie wird es aber dann mit der Schule?"

„Das ist sehr glücklich geordnet. Die Kinder kommen mit guter Kenntnis von meistens drei Sprachen und mindestens den Anfangsgründen der Sprache des Landes an, das sie ausgewählt haben. In ihrer Muttersprache sind sie völlig firm, die Geschichte und Geographie ihres Heimatlandes kennen sie sehr gut. Jetzt lernen sie neben der neuen Sprache auch die Geschichte und Geografie der Länder ihrer Lehrzeit, und zwar die letztere auf zahlreichen Reisen und Wanderungen. Der Schulunterricht kann sich auf die Fortbildung in Mathematik und Naturwissenschaften beschränken, und die ist durch Übereinkunft überall gleich geordnet, sodass die Vierzehnjährigen ohne Weiteres mitkommen, sobald sie die Sprache einigermaßen beherrschen. Paul wird nächste Ostern nach Sevilla zu Carmens Eltern gehen, die sich ihn ausgebeten haben. Das Jahr darauf will er nach Russland und das letzte Jahr vor dem Studium nach Dänemark gehen."

„Nur Mathematik und Naturwissenschaften? Das gibt doch niemals eine abgerundete Bildung."

„Hast du eine Ahnung! Die jungen Leute sehen mehr Kunst und lernen mehr Literatur, als eure Generation sich vorstellen konnte. Bringe mal Fridl im Gespräch auf die italienische Malerei und Bildhauerei. Da wirst du Augen machen, der hört nimmer auf! So jung er ist, er hat doch schon fast alle großen Museen studiert. Und Literatur? Sie lesen Dante und Cervantes und Rabelais und Kipling und Reymont und Tolstoi und Gogol und Petöfy und weiß Gott wen noch alles in der Ursprache! Und Geschichte? Sie *erleben* die Geschichte. Sie stehen in den prähistorischen Bilderhöhlen. Sie sehen Pyramiden und Burgen, Tempel, Moscheen und Kirchen mit eigenen Augen, waren im Tal von Ronceval und am trasimenischen See, lernen die Völker kennen und die Heerstraßen, auf denen sie wanderten und kämpften, die Länder, aus denen und in die sie kamen. Lebendige Bilder statt hohler Worte. Anschauung!"

„Auf diese Weise habt ihr sozusagen den Turm zu Babel doch errichtet."

„In noch besserem Sinne, als du selbst soeben meintest. Die Völker verstehen sich wieder, und darum haben sie es leicht, sich zu verständigen. Dieser Austausch der jungen Menschen, diese frohen, sorglosen Lehr- und Wanderjahre flechten unzählige unzerreißbare Fäden der Freundschaft und der Verwandtschaft, und nicht nur der Adoptivverwandtschaft, obgleich diese auch echt und fest ist: Unsere zahlreichen Wahlkinder hängen an meiner Frau wie ihre eigenen. Aber es kommt natürlich sehr oft zu wirklicher Verschwägerung und Blutsverwandtschaft. Carmen hat Bachmüllersches Blut in sich, von einer Cousine meines Großvaters her. Und Bernhard scheint mit Carmen mehr als halb einig zu sein. Aber mehr als das wirkt völkerverbindend die Erkenntnis, dass der Mensch überall der gleiche ist, dass alle Völker ihre große Zeit hatten und das Gleiche litten. Es ist kein Raum mehr für den alten Nachbarhass, seit man sich so genau kennt und weiß, dass es überall ‚menschelt'. Wir alle sehen jetzt die Balken im eigenen Auge und hüten uns wohl, über den Splitter im fremden Auge große Töne zu reden."

„Ja, es war komisch, wie die Völker sich früher am Eigenlob berauschten. Ich kam zuerst dahinter, als ich die *Tausendundeine Nacht* in der vollständigen Ausgabe las. Da waren auf einmal die Araber die herrlichen Ritter ohne Furcht und Tadel und die Kreuzfahrer die Räuber, Mörder und Mädchenschänder, umgekehrt wie in unseren Schulbüchern und etwa in Wielands *Oberon*. Und in den Romanen von Sienkiewicz waren die Polen die weißen Engel mit Muskeln, und die Ordensritter die Schweinehunde. Jedes Volk glaubte, das einzige Volk Gottes zu sein, nicht nur die Juden, sondern auch die Engländer und vor allem die Yankees. Ich sah mal drüben eine Weltkarte: Über Asien und Afrika stand in großen Lettern ‚barbaric‘, über Europa ‚civilized‘ und über den Vereinigten Staaten ‚enlightened‘. Und wo ich in Geschichtswerke hineinsah, überall fand ich, bei Franzosen, Engländern, Magyaren, Deutschen, Böhmen, Italienern, Chinesen und Japanern, die gleiche Einbildung, alle Kultur habe bei ihnen ihre erste Wurzel und feinste Blüte und Frucht. Sogar die Türken wollten auf einmal das Muttervolk aller Kultur sein.“

„Ja, wir amüsieren uns heute darüber. Aber für eure Zeit war es die schlimmste aller Gefahren. Es war euer Staat, ‚das kalte Untier‘, aus dessen Mund, wie euer Nietzsche sagte, die Lüge kriecht: ‚Ich, der Staat, bin das Volk‘, der diese Legenden und Lügenden schuf oder doch begünstigte, um sein ‚divide et impera‘ ausüben zu können, um den Vorwand für seine Raubtierpolitik zu haben. Wir haben das Raubtier erlegt.“

„Glückliches Geschlecht.“

„Fürwahr, glücklich, wenn auch Krankheit, Alter, unbefriedigter Ehrgeiz und Liebesleid uns nicht minder quälen als euch, vielleicht sogar mehr, weil wir verwöhnter sind. Aber die vermeidbaren Übel haben wir abgestellt. Uns plagt keine Gewissensangst mehr, nur darum, weil wir leben, wie sie euch plagte, weil ihr euch irgendwie an der Krankheit eurer Welt mitschuldig fühltet. Es gibt keine pessimistische Philosophie und gar keine Geschichtsphilosophie mehr. Wir brauchen nicht zu fragen, wozu wir da sind. Wir sind da, um zu leben, zu wirken, immer mehr Freude und Schönheit zu schaffen, im engsten wie im weitesten Kreise Gerechtigkeit zu üben, und darüber hinaus Liebe zu geben und zu nehmen. Und den goldenen Ball weiterzureichen durch unsere Kinder auf die spätesten Geschlechter."

„Eine schöne Religion."

„Nenn's wie du willst. Ja, wir sind Christen, denn wir lieben unsern Nächsten wie uns selbst; wir haben keinen Grund mehr, ihn zu hassen. Der feindliche Wettkampf bis aufs Messer ist mit den Monopolen verschwunden, und Nachbarhass und Krieg mit dem Klassenstaat. Kannst uns ebensogut Buddhisten nennen: ‚Tat twam asi', das bist du selbst, dein Nächster, Gottes Kreatur, gleich dir; Konfuzius und Laotse haben das Gleiche gelehrt, und unser Kant nicht minder. Wir leben im ‚Rechtsstaat', und im ‚ewigen Frieden'. Der politische und ökonomische Unterbau der Welt ruht fest und unerschütterlich auf der granitenen Säule des Rechts der Gleichheit – und darum steht darüber gleich unerschütterlich der Überbau der Ethik wie das Firmament über der Erdfeste."

„Ist keine Erschütterung mehr möglich? Kein neuer Araber- oder Mongolensturm unter einem neuen Dschinghis Khan?"

Der Professor lachte verächtlich. „Eine eurer Geschichts- lügen! Weißt du, wie groß die Heere waren, die das Rö- merreich und Byzanz über den Haufen warfen? Theodorich der Große hatte sechstausend, Omar fünftausend Mann. Die Reiche fielen fast auf den ersten Stoß, weil sie im Inneren aus- gehöhlt waren. Der Staat hatte das Volk aufgefressen. Wenn heute neue Barbaren an den Grenzen des Weltbundes er- scheinen könnten, ‚würden wir sie arretieren lassen', wie euer Bismarck einst dem englischen Botschafter erwiderte, als der mit einer Landung von hunderttausend Engländern an der holsteinischen Küste drohte. Aber sei unbesorgt, es gibt keine Barbarengefahr mehr."

„Unmöglich, sind die asiatischen Nomaden sämtlich sess- haft geworden?"

„Natürlich nicht. Sie treiben noch immer ihre Herden von den Sommer- zu den Winterweiden und zurück. Nachdem sie aber im allerersten Anfang einmal unsere Waffenkraft kennengelernt hatten, haben wir sie reich gemacht – für ihre Begriffe –, und zwar durch gerechten Handel. Der lohnt sich für sie eher, auf die Dauer wenigstens, als noch so erfolgreicher einmaliger Raub. Sie sind heute sehr zivilisiert, die Hirten Asiens. Übrigens werden sie mehr und mehr sesshaft. Die Ackerkultur ringt sie immer enger ein, zu ihrem großen Vorteil. Du musst einmal die riesenhaften Bewässerungswerke sehen – kaum ein Tropfen Wasser verdunstet noch ungenützt. Die Zentralwüste von Iran ist heute zum größten Teile reiches Fruchtland, und ganz Mesopotamien ein einziger Garten. Die Erde ist unermesslich reich, nur der Mensch hat ihre Schätze vergeudet, vor der Erlösung."

„Zu meiner Zeit wurden die Nomaden von Russen und Chinesen furchtbar ausgewuchert."

„Tempi passati! Man wuchert nicht mehr im Großen. Kein Staat stellt sich noch hinter einen Wucherer, und niemand hat Achtung vor einem Reichtum, dessen Herkunft nicht unzweifelhaft sauber ist. Außerdem haben die Leutchen viel gelernt. Sie sind ihre eigenen Kaufleute, zumeist in Genossenschaften gleich den wunderbaren Gilden der Chinesen. Im Westen Zentralasiens spricht wohl jeder Erwachsene sicher russisch, im Osten chinesisch, und fast alle Kaufleute außerdem englisch für den Handel mit Indien. Sie haben ausgezeichnete Autostraßen und sind vollberechtigte Bürger des Weltbundes. Unzählige ihrer jungen Leute haben ihre Erziehung in Europa und Amerika genossen, und unsere Jungens reisen nirgends lieber hin als zu ihnen, wo es noch Abenteuer gibt: Reiten und Jagd auf Großwild."

„Und wie ist es mit den Negern in Afrika und den Negritos Melanesiens? Von den Salomoninseln hieß es zu meiner Zeit: Gott hat die Welt geschaffen, aber der Teufel die Salomonen. Kopfjäger, Mörder aus Kultus, unbändige Wilde!"

„Die Neger sind fleißige Ackerbauern und versorgen uns mit tropischen Produkten. Seitdem sie für sich selbst arbeiten, nicht mehr für fremde Ausbeuter, und seitdem wir den Sklavenhandel ausgerottet haben, schaffen sie ganz ordentlich und haben sich erstaunlich zivilisiert. Sie haben auch eine durchaus konkurrenzfähige Schicht von Intellektuellen, wenn sie auch bisher nicht gerade bahnbrechende Genies hervorgebracht haben. Mit den Melanesiern war es schwieriger, ehe sie sich fügten. Wir haben ihnen den Seeraub abgewöhnt, unsere Kriegsboote haben ihre Inseln jahrzehntelang hermetisch abgeriegelt. So schmorten sie lange im eigenen Fett, aber zuletzt kamen sie hübsch artig an die Küste und boten Handel. Die europäischen Waren lockten allzu mächtig. Sie sind auf gutem Wege; es mag allerdings noch hier und da einmal ‚Langschwein‘ gefressen werden, aber das ist ihre Sache, solange es sich nicht um einen von uns handelt. Wir halten es nicht für unsere Aufgabe, Kannibalen mit Gewalt zu erziehen. Nur das Beispiel kann es leisten. Und das geben wir ihnen durch gerechten Handel. Wir ‚sagen nicht mehr Christus und meinen Baumwolle‘, wie die Engländer sich selbst verspotteten.“

„All das galt zu meiner Zeit als blanke Utopie.“

„Wenn Utopie den Glauben an die Möglichkeit einer unmöglichen Ordnung bedeutet, dann wart ihr fast ohne Ausnahme die ärgsten Utopisten, nicht nur die Kommunisten in Russland …“

„Was ist aus den Sowjets geworden?“

„Sind natürlich längst in den Weltbund eingetreten. Der Kommunismus hatte sich völlig festgefahren. Unser Beispiel gab den Ausschlag. Aber ihr anderen wart kaum geringere Utopisten. Denn der Kapitalismus ist genauso unmöglich. Er konnte sich halten, solange erst wenige Länder industrialisiert waren. Als es die meisten waren, konnten die Waren natürlich keinen Absatz mehr finden.“

„Ich weiß schon, das Abflussrohr!“

„Ja, jetzt lachen unsere Kinder darüber. Übrigens: Was ist Utopie? Alle Wirklichkeit ist die Utopie von gestern. Vor hundertfünfzig Jahren glaubte niemand, dass der Mensch je würde fliegen können. Und so ist alle Utopie nur die Wirklichkeit von morgen. Wir halten alles für möglich, was nicht offensichtlich gegen die Naturgesetze verstößt, und wir versuchen alles, was auch nur möglich erscheint. Das Leben ist für uns ein fröhliches Abenteuer geworden, und kein Preis ist zu hoch, nicht einmal das eigene Leben. Man kann auch im Frieden Heldentum bewahren."

„Kein größeres Heldentum als das Nansens, als er sein sicheres Schiff verließ, um dem Pol zu Fuß zuzuwandern."

„Solche Helden gab und gibt es immer und wird es immer geben. Eure Historiker fabelten, der Wohlstand habe die Völker schlapp und feige gemacht. Verdammter Unsinn! Der Reichtum war es, die Verfügung über Menschen, nicht der Wohlstand, die Verfügung über Sachen. Betrachte dir unsere Jugend auf den Sportplätzen, auf der Wanderung, im Paddel- und Segelboot und an den Bergwänden und sage mir, ob eure kriegsgestählten Völker stärker und mutiger waren. Wir nähern uns dem Ideal aller Volksherrlichkeit: germanische Kraft und hellenische Anmut."

„Ich sage noch einmal: glückliches Volk, glückliche Menschheit!"

Bargeldlose Wirtschaft

Robert Wilke, der erste Direktor der südostschwäbischen Gaubank, empfing Hans Bachmüller in seinem Amtszimmer im ersten Stock des Gaupalastes.

„Grüß Gott, hier hast du Scheckbuch und Bankbuch, du hast bereits ein stattliches Guthaben. Der Rundfunk hat dir fünfzig Gramm überwiesen."

„Gramm?"

„Ja, wir sind zum ehrlichen Gelde zurückgekehrt. Alles Geld war ursprünglich nichts als ein durch den Stempel beglaubigtes Gewicht in Gold oder Silber. Ein Pfund war einmal wirklich ein Pfund Silber, eine Mark (das war auch ein Gewicht) wirklich eine Mark in Gold oder Silber. Dann hat euer Staat, das Raubtier, auch das Geld verdorben wie alles, was er anfasste, von der Religion bis zur Schule. Falschmünzerei, um deutlich zu sein, Diebstahl an den Gläubigern. Bei uns ist ein Kilo wieder ein Kilo und ein Gramm ein Gramm; niemals wieder wird jemand befehlen dürfen, dass ein halbes Kilo ein ganzes ist und als solches angenommen werden muss."

„Goldwährung?"

„Natürlich. Der einzige Stoff, der sich einigermaßen wertbeständig hält. Für unsere Zwecke ist er sogar völlig wertbeständig. Sehr langfristige Anlagen gibt es nicht mehr, und in kurzen Zeiträumen ändert das Gold seinen Wert nicht merklich."

„Oha! Als ich abreiste, sprach man viel von der Indexwährung, die gerade dazu dienen sollte, die Schwankungen des Goldwerts zu beseitigen."

„Verschon mich mit dem Blödsinn. Die Narren von damals – Amerika hat den Versuch gemacht, er endete mit einer Katastrophe – haben Wert und Preis des Metalls verwirrt. Du weißt, dass jede Ware bei festbleibendem Wert, das heißt gleichbleibendem Arbeitsaufwand, dennoch im Marktpreis stark schwanken kann."

„Natürlich, wenn Angebot oder Nachfrage sich plötzlich stark ändern. Schwarzes Tuch bei Landestrauer."

„Das klassische Beispiel! Nun, Gold ist auch eine Ware wie alle anderen, Erzeugnis einer bestimmten Menge gesellschaftlicher Arbeit. Danach bemisst sich und verändert sich sein *Wert*. Aber sein *Preis* kann plötzlich sehr stark steigen, wenn eben die Nachfrage plötzlich stark zunimmt, und dann drückt sich das in einem verhältnismäßigen Sturz aller anderen Warenpreise aus. Das war der Schlussakt eurer Wirtschaftskrisen. Wir kennen keine allgemeinen Krisen mehr, seit der Verbrauch mit der Erzeugung unerschütterlich gekoppelt ist. Natürlich ist möglich, dass der *Wert* des Goldes in langen Zeiträumen zu- oder abnimmt, aber wir haben keine hundertjährigen Renten und Gülten mehr. Unsere Anlagen laufen kaum länger als zehn Jahre, und in so kurzer Zeit sind die geringen Wertveränderungen des Goldes ohne Bedeutung."

„Welchen Wert hat das Gold nun wohl heute, im Vergleich zu meiner Zeit?"

„Das ist eine nicht leicht zu beantwortende Frage. Wenn du vom *Wert* des Goldes sprichst, ausgedrückt in *Arbeitszeit*, so dürfte sich nicht viel geändert haben. Die Minen werden mit ungefähr den gleichen Maschinen und Methoden betrieben, die ja schon damals hoch entwickelt waren. Wenn du aber nach der *Kaufkraft* des Goldes fragst, so ist sie stark gesunken in Bezug auf Arbeits*stunden* oder besser *Lohn*stunden; denn der Lohn hat sich, ausgedrückt in Gold, ungefähr verachtfacht, von ungefähr einem Viertel auf etwas mehr als zwei Gramm je Stunde. Darum haben die weniger ertragreichen Fundstellen aufgegeben werden müssen. Schon zu deiner Zeit lohnte es ja nicht mehr, Gold aus den Sanden der Flüsse zu waschen."

„Und wie steht's mit der Kaufkraft für andere Waren?"

„Das hängt davon ab, wieviel Maschinenarbeit darin steckt. Ist es viel, so sind sie bedeutend billiger geworden. Der Anzug, den du trägst, hätte zu deiner Zeit gewiss 120 Mark, also etwa 40 Gramm gekostet. Du wirst 15 dafür gezahlt haben."

„Ich weiß nicht. Mein Vetter hat ausgelegt. Aber das wäre ja fantastisch billig. Bei *den* Löhnen!"

„Es ist eben fast alles Maschinenarbeit, kaum Handarbeit daran. Und dann darfst du nicht vergessen, dass auf unseren Erzeugnissen nicht die ungeheuren ‚falschen Kosten' liegen, mit denen eure beschwert waren."

„Zum Beispiel?"

„Nun, das Wichtigste ist, dass unsere Werke jahraus, jahrein mit ihrer ganzen oder doch fast ganzen Kapazität beschäftigt sind. Die Preise schwanken nur in geringen Ausschlägen."

„Auch bei Modeartikeln wie diesem Anzug?"

„Es gibt kaum noch Moden. Eure Moden waren der immer wiederholte Versuch der Oberschicht, den Unterschichten im äußeren Erscheinen fortzulaufen, und das immer geglückte Bestreben der Unterschichten, ihr, wenn auch mit billigem Material, gleich zu werden. Daher der Veitstanz der Mode in Kleidung, Schmuck, Mobiliar, Haartracht und sogar Haarfarbe, Autos und so weiter. Das gibt es nicht mehr. Man trägt, was praktisch, gesund und schön ist. Ja also: Die Fabriken sind immer so gut wie voll beschäftigt und verteilen daher ihre Generalunkosten auf ein viel größeres Produkt. Erste große Ersparnis! Dann fallen alle Steuern und Lasten fort; es gibt nur noch Einkommen- und Vermögensteuern für die Einzelnen, die Werke sind frei. Sozialversicherung ist nicht mehr nötig. Mit dem allen ist sehr viel kostspielige Büroarbeit fortgefallen, und noch mehr dadurch, dass die komplizierten Lohnkalkulationen nicht mehr existieren. Ausfälle sind äußerst selten, weil es kaum noch einen faulen Kunden und niemals mehr Krisen gibt, die auch ehrliche Kunden umwerfen: Man braucht also weder ein Delkredere-Konto noch Rücklagen für Krisenjahre. Streiks gibt es nicht mehr, politische Verwicklungen ebensowenig. Man braucht keine hochbezahlten Syndizi für die schwierigen Verhandlungen mit den Gewerkschaften und ebensowenig für das und in dem Parlament. Man spart ferner die kolossal teure Reklame, die Hilfsgelder für Parteien und die Schmiergelder für Politiker und Zeitungen; man spart die hohen Gehälter für Nichtstuer, die mit den Großkapitalisten verwandt sind, und die enormen Zinsen und Provisionen an das Finanzkapital der Banken. Man produziert einige wenige erprobte Typen, aber nicht mehr Hunderte verschiedener Typen mit kleinem Absatz. Und so weiter. Und so weiter. Du kannst ruhig annehmen, dass diese falschen Kosten durchschnittlich ebenso hoch, wenn nicht höher waren, als die wahren Kosten. Um so viel billiger könnten also unsere Fabriken auch dann schon liefern, wenn ihre Maschinerie noch die alte wäre. Sie ist aber unendlich viel ergiebiger."

„Ich verstehe. Dann sind aber wohl die Lebensmittel sehr teuer?"

„Ausgedrückt in Fabrikware, ja! Ein Zentner Weizen kauft heute viel mehr Fabrikwaren als früher. Aber in Geld: nein! Wenn auch die Landwirtschaft nicht um soviel ergiebiger geworden ist wie die Industrie, so arbeitet doch auch sie viel mit Maschinen und verbilligten Fabrikaten, und vor allem: Auch der Landwirt kann heute seine Arbeitskraft und sein Land nach ihrer vollen Kapazität ausnützen und hat dem Zwischenhandel nur wenig abzugeben. Er produziert der Menge nach viel mehr, vor allem an Edelprodukten, und erhält den vollen Preis von wohlhabenden Konsumenten, die sozusagen vor seiner Tür sitzen. Da ist das Einzelprodukt relativ billig. Beweis: Volle Pension in einem einfachen Hause kannst du heute schon für ein Gramm, also für etwa drei Mark eures Geldes haben."

„So billig?"

„Ja, und besser als in euren Gasthäusern. Der Wirt hat keine Gewerbesteuern und keinerlei Grundrente zu bezahlen; wo es noch Hypotheken gibt, ist der Zins sehr nieder. Die Bauarbeit ist stark maschinisiert, also sind die Häuser relativ billig, ebenso Möbel, Wäsche, Geschirr, und die Bedienung geschieht vorwiegend durch Maschinen und Apparate wie in allen Privathäusern. Die anspruchsvollsten Gaststätten in den beliebtesten Kurorten berechnen mehr, bis zu drei Gramm, haben aber dafür große Gesellschaftsräume, Musikkapelle, Sportplätze und feinste Diätküche. Teuer sind nur Dienste, namentlich niederer Art. Die höheren Dienste, zum Beispiel der Lehrer, Ärzte, Zahnärzte, Patentanwälte, sind nicht viel teurer als zu deiner Zeit, abgesehen natürlich von berühmten Spezialisten oder beliebten Künstlern."

„Wie erklärt sich das?"

„Sehr einfach. Die Konkurrenz ist größer. Zu deiner Zeit war die höhere Ausbildung Privileg der Besitzenden. Wir sind alle Besitzende. Jeder, der sich für genügend begabt hält, kann studieren, und zwar aus eigenen Mitteln. Selbst die Kinder der Bevorzugten halten es für unanständig, nicht auf eigenen Füßen zu stehen, wenn sie nur körperlich gesund sind. Mit etwa achtzehn Jahren, nach Schluss der Ausbildungszeit, nehmen sie irgendeine Arbeit an, für die sie die Vorbildung schon auf der Schule erworben haben. Alle unsere gesunden Studenten sind Werkstudenten. Fünf Stunden ist die normale Arbeitszeit; das verträgt sich eine Weile sehr gut mit dem Studium. Sie verdienen zehn Gramm täglich, 250 Gramm monatlich, und können leicht in einem Jahre soviel sparen, dass es für den Rest der Studienzeit auslangt. Für größere Ansprüche gibt es ja außerdem noch die Ferien, in denen immer Arbeit zu finden ist. Dein Verwandter, Fridl Bachmüller, arbeitet in einer Maschinenfabrik. Er will ja auch Ingenieur werden. Mein Ältester ist Malergehilfe: Er studiert an der Kunstakademie. Musikstudenten spielen oft in Kapellen."

„Famos! Da lernen sie wenigstens das Handwerksmäßige, das das Fundament aller Kunst ist."

„So ist es. Die großen Meister der Renaissance waren vielfach ausgelernte Handwerker. Denke an Veit Stoß, an Riemenschneider, an Franz Hals, der sozusagen ein fotografisches Atelier für Massenaufnahmen hielt, wie du im

Haarlemer Museum sehen kannst. Es tut der Kunst gut, und den Künstlern nicht minder. Sie bilden sich nicht mehr ein, Übermenschen zu sein und übermenschliche Ansprüche zu haben. Kunst ist Dienst der Feierzeit. Aus dem Dienst der Arbeitszeit sprossen die Ideen der guten Werke. Sie brauchen nicht mehr auf ‚Inspiration' zu warten und leben nicht mehr *von* der Kunst, wie Zuhälter, sondern *für* die Kunst, wie Liebhaber."

„Will da nicht jeder studieren oder Künstler werden?"

„Warum? Alle Arbeit gibt gleichen Adel, und alle hervorragende Arbeit gleiches Einkommen. Wir haben Handwerker, die bedeutend mehr verdienen als ein durchschnittlich begabter Arzt und Schauspieler. Bei euch schoben und drückten die wohlhabenden Eltern auch die Unbegabten nach oben, des höheren Ranges und erhofften höheren Einkommens halber, auch wegen der besseren Chancen, auf eine Mitgift. Pfui Teufel! Heute entscheidet für die Berufswahl wie für die Ehe nur die Neigung. Und unsere jungen Leute haben Zeit genug bis zu ihrem achtzehnten Lebensjahr, um herauszufinden, wo ihre Begabung liegt und wie groß sie ist. Die Schule schon führt sie durch alle Handfertigkeit, an allen Stoffen, Papier, Holz, Metall und so weiter, und gibt ihnen eine Anschauung von aller Kunst und Wissenschaft."

„Die Einkommen sind also sehr weitgehend ausgeglichen."

„Das ist selbstverständlich bei freier Konkurrenz und gleichen Bedingungen des Ausgangs. Ein normaler Mann hat heute ein Einkommen von etwa dreitausend Gramm, abgesehen natürlich von einzelnen Hochbegabten."

„Darüber bin ich schon unterrichtet. Euer Geldwesen ist mir nun klar. Ihr rechnet nach Gewicht?"

„Ja, in der Statistik und im wissenschaftlichen Schrifttum. Aber für den Tagesgebrauch sind vielfach einige der alten Münznamen im Schwange. Ein Kilo Gold heißt ein Talent, hundert Gramm eine Mine, zehn Gramm ein Pfund, ein Gramm ein Gulden, ein Dezigramm ein Groschen, ein

Zentigramm ein Pfennig. Das ist die Scheidemünze für die kleinen Ausgaben, die einzige Münze, die wir haben."

„Was, es gibt keine Goldmünzen?"

„Nein, wir leben, abgesehen von der Scheidemünze, in bargeldloser Wirtschaft. Ein Verkehr etwa wie mit der Mark Banco in Hamburg. Alles geschieht durch Umschreibung in den Büchern, das heißt durch Giralgeld, und durch Schecks und Wechsel. Das Geld als Geld ist nicht mehr *Gegenstand*, sondern nur noch *Maßstab* des Tauschs."

„Dann verstehe ich nicht, dass das Gold nicht ungeheuer tief im Werte und meinethalben im Preise gesunken ist. Als diese gewaltige Nachfrage nach Münzmetall aufhörte …"

„… trat dafür eine kolossale Nachfrage nach Gold als Arbeitsstoff ein. Zu deiner Zeit ließen sich nur die Menschen der Oberklasse und Teile der Mittelklassen der zivilisierten Länder die Zähne plombieren. Heute stehen zwei Milliarden Menschen unter zahnärztlicher Aufsicht. Und heute trägt fast jeder eine Uhr und die kleinen Taschengeräte aus Gold, nicht, um mit seinem Reichtum zu protzen, sondern, weil das Metall für diese Zwecke praktischer und schöner ist als die meisten anderen."

„Das Gold liegt also in den Bankkellern?"

„Soviel noch davon vorhanden ist, ja. Das meiste ist an die Zahnärzte, Goldschmiede und andere Gewerbetreibende allmählich verkauft worden. Wir sind nicht mehr gezwungen, Milliarden von Arbeitsstunden nutzlos liegen zu lassen. Gold ist kein Geld mehr, sondern nur noch Ware, und als solche Messinstrument des Warenwertes. Für den Geldverkehr würde es ausreichen, wenn irgendwo ein einziges genau ausgewogenes Kilo Gold als Urmaß aufbewahrt werden würde, wie immer noch das alte Urmeter im Pariser Geodätischen Institut. Der Rest unseres Bankgeldes dient nur noch als Stabilisator des Goldwertes. Selbst eine grundstürzende Verbesserung der Produktionsmethode könnte den Preis nicht stark herabsetzen, solange jede öffentliche Bank ohne Weiteres jede ihr angebotene Menge annimmt und den Produzenten in Kilogramm und Gramm gutschreibt; – und umgekehrt könnte keine noch so katastrophale Abnahme der Ausbeute sich schnell als Preissteigerung des Metalls auswirken, solange die Banken jedes angeforderte Quantum gegen Lastschrift aushändigen. *Das ist Goldwährung*. Das allein! Und dazu bedarf es keiner großen Goldvorräte, seit es keine Krisen mehr gibt, und seit es keine politischen Gründe mehr gibt, das Gold in ungeheuren Massen irgendwo aufzuhorten, um andere Staaten in der Schlinge zu haben."

„Braucht ihr dazu überhaupt noch Gold? Warum rechnet ihr nicht schlechthin gleich in Arbeitsstunden?"

„Weil alle Messinstrumente mit dem zu Messenden gleicher Dimension sein müssen. Man kann Entfernungen nur mit Längenmaßen, schwere Dinge nur mit Gewichten messen. Genauso kann ich Wert nur mit einem Wertding *bestimmter Größe* messen. Aller Warenwert ist Produkt der Arbeit, deshalb muss der Maßstab des Wertes auch Produkt der Arbeit sein."

„Aber die Arbeit selbst hat doch auch Wert."

„Richtig. Aber ein beliebiges Kilo Feingold hat zur gleichen Zeit und am gleichen Ort immer genau denselben Wert wie jedes andere beliebige Kilo Feingold. Die Arbeitsstunde aber des Gottfried hat nicht einmal immer den gleichen Wert wie jede andere Arbeitsstunde des Gottfried, geschweige denn den gleichen Wert wie die des Hinz und Kunz oder die der Marie oder Anna. Einen festen Wert hat nur die *durchschnittliche* Arbeitsstunde der gesellschaftlichen Arbeit; sie ist es, die den Wert von Tuch, Kaffee, Weizen, Silber und Gold bestimmt. Diese durchschnittliche Arbeitsstunde aber kann ich nicht an Zeit messen, sondern nur an einem Gute, das sehr wertbeständig ist. Darum ist und bleibt das Gold als Maßstab unentbehrlich."

„Ich verstehe. Wenn alle Menschen genau gleich begabt und gleich fleißig wären und zu jeder Zeit des Tages und

Jahres genau gleich viel schaffen würden: Nur dann könnte eine beliebig ausgewählte Arbeitsstunde der Maßstab des Wertes sein. Da das nicht der Fall ist …"

„… muss man eben Gold dazu nehmen, das immer gleich ist. Aber ich gehe weiter: Selbst wenn die unmögliche Voraussetzung zuträfe, wäre die Arbeitsstunde ein sehr schlechter Maßstab."

„Warum?"

„Weil ihr Wert fortwährend, und zwar sehr schnell, mit der immer besseren Ausrüstung der Arbeit steigt, also ein schnell veränderlicher und das heißt ein unbrauchbarer Maßstab ist. Stell dir mal vor, das Meter würde schnell immer länger, oder das Kilo immer schwerer. Das gäbe doch eine ungeheure Konfusion."

„Haben wir erlebt", sagte Bachmüller, „als in unserer Inflationszeit die Münzeinheit, das Tauschmaß, immer kleiner wurde."

„Aber das wäre noch nicht einmal das Schlimmste", sagte Wilke. „Die ganze Selbststeuerung der Wirtschaft wäre zum Teufel."

„Was heißt das: Selbststeuerung?"

„Nun, die Regulierung der Preise und die Ausgleichung der Einkommen durch die Konkurrenz. Menschen und Waren ziehen sich hin, wo Preis und Lohn hoch sind, und ziehen sich fort, wo sie tief sind. Und das wollen wir ja gerade, dass die Menschen dort hingehen, wo das Entgelt der Arbeit höher steht, und von dort fort gehen, wo es tiefer steht. Aber das müssen sie erfahren können, und zwar durch einen kurzen Ausdruck. Den haben wir in unserer Goldrechnung. Hier steht der gewöhnliche Stundenlohn auf etwa zwei Gramm, anderswo hat er im letzten Jahre auf 1,7 oder 2,3 Gramm gestanden: Das versteht jeder. Wenn wir dieses Maß nicht hätten, müssten wir die Kaufkraft der Arbeitsstunde in irgendeinem Index ausdrücken, gewogen oder nicht gewogen, und das ist erstens immer willkürlich, zweitens immer ungenau, schon bei der Aufstellung, drittens schnell veränderlich, weil die einzelnen Waren mit der Veränderung der Erzeugungsmethoden schnell und stark im Wert und Preis schwanken können, und schließlich international gar nicht brauchbar. Der Bedarf ist allzu verschieden, je nach Klima, Landesgewohnheit und so weiter."

„Jeder Bezirk veröffentlicht also von Periode zu Periode, wie hoch der Wert der Arbeitsstunde bei ihm steht. Danach richten sich Zu- und Abstrom, und so gleichen sich die Einkommen immer wieder aus", schlussfolgerte Bachmüller.

„Ja, das ist die Selbststeuerung. Nun musst du aber nicht glauben, dass jede geringe Verschiebung sofort starke Ströme der Wanderung auslöst. Erstens ist die Lohnhöhe nur *ein* Datum der wirtschaftlichen Rechnung; das zweite sind die Lebenskosten, und die sind natürlich verschieden hoch. Brot ist im Zentrum der Getreideländer viel billiger als in den europäischen Großsiedlungen, Steinkohle neben der Grube viel billiger als weiter fort, und das gilt für fast alle Rohstoffe und Nahrungsmittel ebenso. Aber vor allem: Es gibt außerwirtschaftliche Daten, die schwer ins Gewicht fallen. Man geht nicht um weniger Gramme willen aus der Heimat fort, und für viele Gramme nicht, sagen wir aus den irdischen Paradiesen in Südfrankreich oder Sizilien nach Sibirien oder Nordkanada oder in die tropischen Wälder, die ‚grünen Höllen'. Heute heißt es nicht mehr: ‚Ubi bene, ibi patria', sondern umgekehrt: ‚Ubi patria, ibi bene'. Die Menschen unserer Zeit sitzen recht fest. Wir kennen nicht mehr die ‚Vaterlandsliebe' von früher, die im Grunde nichts war als aufsuggerierte Liebe zu diesem *Staate*, und die ausschließlich, ja zumeist grimmig aggressiv war: Aber unsere Liebe zur *Heimat*, zur Muttersprache, zu unserem Volkstum, zu unseren Verwandten und nicht zuletzt zu unseren Gräbern ist gewiss nicht geringer, als sie bei euch war. Es braucht schon recht starke Verschiebungen der Lohnhöhe, um größere Wanderungen herbeizuführen. Und selbst diese bedeuten fast immer nur Abwesenheit für bemessene Zeit. Die Vögel kehren fast immer zum alten Nest zurück, es sei denn, dass sie sich mit einem fremden Vogel paaren und dessen Nest bewohnen."

„Prachtvoll. Nun möchte ich noch etwas über die Organisation dieses bargeldlosen Verkehrs erfahren."

„Mein Gott, das ist so einfach wie nur möglich. Genau wie euer Postscheckverkehr. Nur, dass heute *alle* ihr Konto haben, und alle bei den öffentlichen Banken der Gaue. Auch im Kapitalismus vollzog sich in den Zeiten der Ruhe der größte Teil des Warenverkehrs ja bereits durch Kreditgeld, das heißt durch Wechsel oder bei Schiffsladungen durch die Schiffswechsel, die Konnossemente, durch Schecks, oder durch einfache Umbuchung, also durch Giralgeld. Im internationalen Handelsverkehr vor dem Weltkriege kam Gold fast nur als Arbeitsstoff zur Verwendung, und in Großbritannien bezahlte jeder irgendwie Wohlhabendere fast alles mit Schecks, die er seinem Mietsherrn, Gemüsehändler, Fischhändler, Fleischer, Schneider, Bäcker, Schuster, seinem Arzt, Zahnarzt und Anwalt, den Lehrern seiner Kinder aushändigte. Sogar die Reisenden zahlten oft mit Reiseschecks. Aber das System konnte nicht völlig durchgeführt werden."

„Warum nicht?"

„Aus zwei Gründen. Erstens wegen der Krisen. Im normalen Verlauf wurde jede Ware immer mehr wert, durch je mehr Stufen der Verarbeitung, des Transports und des Handels sie ging. Denn jeder Beteiligte musste natürlich seine Kosten und seinen Gewinn auf den Einstandspreis aufschlagen. Darum konnte der Schneider immer seinen Tuchhändler, dieser seinen Fabrikanten, dieser den Wollimporteur und dieser den australischen Schafherdenbesitzer bezahlen. Aber in der Krise stürzten alle Waren tief im Goldpreise, weil jeder Gold haben musste und keiner es herausgeben wollte. So musste es sich ereignen, dass irgendeiner aus der Reihe weniger für seine Ware erhielt, als er seinen Vormännern schuldig war, zum Beispiel der Tuchfabrikant dem Wollehändler. Und dann riss der Ring mit einem ‚Krach‘ auseinander, und die Explosion schlug die Produzenten wirtschaftlich tot. Darum mussten die Banken große Goldvorräte halten, um ihre Gläubiger bar auszahlen zu können – solange sie es konnten. Und darum hielten sich vorsichtige Leute bares Geld, am liebsten Gold als privaten Schatz, und viele verlangten grundsätzlich Barzahlung. Das war das erste Hindernis für die volle Durchführung des bargeldlosen Verkehrs. Es existiert so nicht mehr."

„Und das zweite?"

„Die Löhne. Der Arbeiter und die meisten kleinen Angestellten mussten ihren Lohn in barem Gelde erhalten. Sie waren nicht ‚scheckfähig‘, schon, weil sie keine Zeit hatten, regelmäßig zur Bank zu gehen. Und wer hätte ihre Schecks angenommen? Heute ist jeder ohne weiteres scheck- und kreditfähig. Damit ist die letzte Lücke geschlossen, und das System funktioniert ohne Reibung. Wir tauschen wieder Ware gegen Ware wie in der Urzeit vor der Erfindung des Geldes, aber nach genauestem Maß, Goldmaß, nicht mehr nach dem subjektiven Wertempfinden. Alle, auch die Arbeiter und Angestellten, erhalten ihren Lohn und Gehalt auf ihre Banknummer gutgeschrieben. Alle selbstständigen Wirte, Unternehmer, Bauern, Handwerker, Kleinhändler, freie Berufe senden ihre Habenschecks zur Gutschrift ein, jeder zahlt alles per Sollscheck aus, und fertig ist die Laube. Auch die Steuern werden vierteljährlich von jedem Konto abgebucht und der Steuerkasse des Gaues erkannt, die der Provinz und dem Staat ihre Anteile überweist. Es kann nichts Einfacheres geben: keine Steuereinzieher, keine Restanten, keine eigene Steuerkasse, keine Versicherungsagenten. Dasselbe geschieht nämlich mit der einzigen Zwangsversicherung, die wir haben, auf Todes- und Erlebensfall."

„Und alles geht über die öffentlichen Gaubanken? Also Bankmonopol?"

„Wieso Monopol? Außer Patenten, Musterschutz und selbstverständlich Eisenbahn, Post und Telegraf gibt's das bei uns nicht. Natürlich gibt's private Banken, jeder kann sich eine aufmachen, bloß Depositen kriegt keiner mehr. Die Konkurrenz leidet's nicht. Niemandem wird es einfallen, sich Gold von der Gaubank zu holen, um es bei einer Privatbank aufs Konto zu legen, und vor allem: Kein Bankier würde es nehmen. Der Zins ist zu niedrig, als dass das Depositengeschäft lohnte. Sein Habenzins würde nicht einmal ganz die Bankkosten decken. Die Gaubanken können keine Zinsen zahlen, sie setzen sogar eine Kleinigkeit zu, aber das wird dem Gau belastet, der natürlich auch sein Konto bei der Bank hat. Das kostet ihn nicht viel, weil die Bank doch ein wenig Habenzinsen einnimmt, und weil der ganze Betrieb sehr einfach und daher sehr billig ist. Nichts als einfache Rechnung, natürlich alles mit Rechenmaschinen. Der Gau trägt's leicht, da er die ganze Steuerverwaltung und die Buchführung und Kassenhaltung für alle seine Betriebe gleichfalls durch die Bank vollziehen lässt. Elektrizitätswerk, Wasserwerk, öffentliche Parks und Anlagen, Polizeiverwaltung, Straßen und Gerichtswesen und so weiter, hat jedes sein Konto."

„Enorm einfach. Was bleibt dann aber den Privatbanken?"

„Noch genug! Sie haben freilich vieles von dem alten Geschäftsbereich der Banken verloren. Der Geldhandel und Geldwechsel, ursprünglich ihre Hauptaufgabe, war ja schon zu deiner Zeit fast fortgefallen. Sie sind auch nicht mehr Geldverwalter, weil die Gaubanken die einzigen Depositenbanken sind. Du hast also ganz das gleiche Verhältnis wie im England deiner Zeit, wo die Depositenbanken völlig von den Emissionsbanken getrennt waren. Fortgefallen ist auch alle Agiotage mit dem Gelde, seit es nur noch das Weltgewichtsgeld gibt, und fast gänzlich die mit den Devisen. Wenn sie aber nicht mehr Geldhändler sind, so sind sie immer noch Kredithändler."

„Kannst du mir das näher erklären?"

„Gern. Sieh, die großen Werke von allgemeinem Nutzen errichten die öffentlichen Körperschaften aus ihren bereiten

Mitteln und bei sehr großen Kosten zum Teil aus Anleihen, die selbstverständlich bei den Gaubanken gezeichnet, den Zeichnern belastet und dem Konto der Anleihe gutgeschrieben werden. Aber es gibt Unternehmungen genug, die die öffentlichen Körperschaften ablehnen, weil sie zunächst nur den Beteiligten Nutzen versprechen, oder weil sie ein allzugroßes Risiko einschließen."

„Zum Beispiel?"

„Nun, Erschließung neuer Bergschätze, oder Errichtung einer Fabrik für noch unerprobte, nicht eingeführte Güter, patentiert oder nicht; oder Bau eines großen Hotels oder Sanatoriums irgendwo im Lande. Das ist so eine Art von Lotterie, und wir spielen alle gern ein bisschen auf ungefährliche Weise. Glückt es, dann gebührt den Leuten, die das Kapital hergaben, nicht nur eine Risikoprämie, sondern auch ein Pioniergewinn. Scheitert es, so tragen sie den Verlust. Wenn der Unternehmer oder seine Gruppe das nötige Kapital nicht aus eigenen Mitteln aufbringen können, wenden sie sich an einen Bankier, der die Finanzierung übernimmt. Er wirbt aufgrund der Prospekte um Zeichnungen und erhält dafür eine mäßige Kommission, beteiligt sich wohl auch selbst mit etwas Kapital. Die Anteile oder Aktien oder Kuxe kommen zumeist an die Börse und haben je nach Angebot und Nachfrage steigenden oder fallenden Kurs. Nichts grundsätzlich Neues dabei."

„*Börsen?*"

„Selbstverständlich. Die Märkte fungibler Waren …"

„Was ist das?"

„Das sind Waren, deren einzelne Stücke oder Mengen völlig gleichartig sind, daher gleichen Wert oder Preis haben und sich aus diesem Grunde vertreten können. Daher der Name. Kühe oder Pferde, Tische oder Geldschränke haben sehr verschiedenen Wert, aber zum Beispiel Gold und alle anderen Metalle, alle Arten von Getreide, Textilrohstoffen und so weiter sind fungibel. Diese Dinge haben ihren Markt auf der Produktenbörse. Aktien aber, Anteile und Anleihescheine von öffentlichen Körperschaften oder privaten Firmen sind gleichfalls in Stücken gleichen Wertes ausgegeben, sind fungibel, und haben ihren Markt auf der Effektenbörse."

„Also Aktien-Gesellschaften habt ihr auch! Kann sich daraus nicht neue kapitalistische Übermacht entwickeln?"

„Ich wüsste nicht, wie. Auf zwei Dingen beruhte die Gefährlichkeit des Aktienwesens deiner Zeit. Erstens schöpften die Gründer den meisten, und oft allen Rahm von vornherein ab und ließen den Aktionären nur die Magermilch."

„Wie geschah das?"

„Nun, die eingebrachten Vermögenswerte an Land, Gebäuden, Maschinen, Patenten, Schutzrechten und sogar Ideen und so weiter wurden so hoch bewertet, wie nur irgend möglich war, und wurden mit Bargeld oder Aktien Franko Valuta ausgezahlt. Ferner behielten die Gründer oder die Banken das Kontrollrecht in der Hand, entweder die Aktienmehrheit oder Gründeraktien mit vervielfachtem Stimmrecht, und verfügten derart über das Unternehmen und oft genug ohne Rücksicht auf die kleinen Aktionäre. Das kann alles nicht mehr vorkommen."

„Warum nicht?"

„Das erste nicht, weil unser Banksystem jede Schiebung und Verschleierung außerordentlich schwierig, ja fast unmöglich macht. Es geht ja jeder Handwechsel von Werten über die Konten der öffentlichen Banken, die miteinander einen einzigen Organismus bilden; jeder Kauf und Verkauf, jede Provision und Kommission muss hier verbucht werden. Die Prüfung der Prospekte durch die Zulassungsstellen der Börsen kann also jeden einzelnen Posten auf das Genaueste kontrollieren und, darauf kannst du dich verlassen, es geschieht auch. Die angesehensten und sachverständigsten Männer sitzen darin und sorgen dafür, dass nicht zuviel ‚Wasser' in den Wein gegossen wird. Es wird auch so leicht niemand ein solches Manöver wagen: Auch der Besitz von Milliarden würde einen Schieber oder Betrüger nicht vor der allgemeinen Ächtung und Verachtung bewahren. In ein anderes Land fliehen kann er nicht, um dort unter anderem Namen zu leben: Er müsste denn seinen ganzen Reichtum zurücklassen und von vorn anfangen."

„Ist denn Übersiedlungsverbot?"

„Natürlich nicht. Aber man kann sein Guthaben doch nur in Gestalt von Reiseschecks oder durch Überweisung auf die Bank seines neuen Wohnorts mitnehmen. Inkognito gibt's nicht mehr. Ein überführter Schwindler wäre also in der ganzen Welt gebrandmarkt. Aber so etwas kommt bei geistig Gesunden natürlich gar nicht mehr vor. Was soll denn jemand mit einem großen Vermögen anfangen? Verschwendung und Luxus machen ihn nur lächerlich, Not treibt niemanden mehr auf die abschüssige Bahn, Menschen kann er nicht kaufen, keine Frauen, keine Journalisten; nicht einmal einen Kammerdiener findet er, weil der freie Mann sich nicht zum persönlichen Dienstboten hergibt, außer natürlich als Krankenpfleger. Wozu also überreich sein wollen?"

„Gut! Aber Macht ist verführerisch. Wer eine große Kapitalgesellschaft beherrscht, hat Macht und kann aus den Dividenden immer mehr Macht erwerben. Wie steht es damit?"

„Das war der zweite Gefahrenpunkt eures Aktienwesens; auch er ist verschwunden. Es gibt keine Großaktionäre mehr. Auf die Prospekte hin zeichnen sehr viele sehr kleine Summen, meistens nur eine Aktie, und fast nur, um eine hoffnungsvolle Sache zu fördern. So war es im Staate der Mormonen; sie wussten nichts von Genossenschaften und gründeten ihren gewaltigen Konsumverein und alle möglichen anderen Unternehmungen der Form nach als Aktiengesellschaften. Der Sache nach waren es aber dennoch Genossenschaften, so gleichmäßig waren die Aktien verteilt. Auch in Utah hatte jedermann Zutritt zu freiem Boden, gab es keine Bodensperre, kein Monopol und daher wirklich freie und gleiche Konkurrenz. Und darin ist es bei uns genau so. Niemand ist reich und töricht genug, um ganze ,Pakete' zu erwerben. Würde einmal so etwas herauskommen – mir ist kein Fall bekannt – dann würde die öffentliche Meinung sofort Ordnung schaffen. Die ganze Presse, die von kapitalistischen Interessen völlig unabhängig ist, würde Lärm schlagen, und der Boykott der Firma wäre sofort in aller Kraft da. Gegen nichts sind wir so empfindlich, wie gegen den Versuch, neue Monopole zu schaffen. Es sollte mal eine Firma versuchen, Wucherpreise zu fordern: Binnen einer Woche wäre das Kapital für eine Konkurrenz gezeichnet, vor der sie sofort kapitulieren müsste. Das weiß jeder, und darum wird es gar nicht erst versucht."

„Leuchtet mir ein. Nun möchte ich etwas über die Börsen hören."

„Von den Produktenbörsen ist kaum etwas zu sagen. Angebot und Nachfrage regulieren den Preis. Wilde Preisschwankungen kommen nicht mehr vor. Die Staatenpolitik als Störungsursache ist fortgefallen. Zu Corners hat niemand Geld und Frechheit genug; der Bedarf ist gleichmäßig, weil es keine Krisen mehr gibt, und selbst auf dem Markt des Getreides kommen große Preisschwankungen nicht mehr vor, weil eine allgemeine Missernte oder Übererernte der ganzen Erde kaum möglich erscheint. Wir schneiden jetzt fast allmonatlich Getreide und ernten Baumwolle. Der liebe Gott hat es weise eingerichtet, dass in Argentinien und Südafrika zu Weihnachten Sommer ist. Dennoch gibt es natürlich einen Terminhandel mit den beiden Stoffen und vor allem mit Metallen, wo ja plötzlich sehr reiche Funde vorkommen. Der verarbeitende Produzent will mit festen Preisen kalkulieren können und deckt sich auf Termin ein, wie er auch auf Termin verkauft. Eine Art von Versicherung." „Und wie gestaltet sich das Getriebe auf den Effektenbörsen?"

„Wieder: Angebot und Nachfrage. Von der einen Seite sprachen wir schon. Die öffentlichen Körperschaften von den Gemeinden aufwärts bis zum Weltbund bieten Anleihen an, private Firmen, einzelne und Genossenschaften, bieten Obligationen oder Anteile, Aktien, Kuxe. Auch Hypotheken werden angeboten und Lizenzen aus Schutzrechten und Patenten."

„Hypotheken auch? Land hat doch keinen Wert!"

„Nun, erstens gibt es auch Hypotheken auf Gebäude und Schiffe. Aber es ist auch übertrieben zu sagen, dass Land keinen Wert hat. Das gilt nur für gewöhnliches Acker- und Gartenland, weil davon viel mehr vorhanden ist, als gebraucht wird. Aber es gibt auch Land von besonderer Fruchtbarkeit oder noch höherer Gunst, zum Beispiel Weinberge berühmter Kreszenz, und solcher Boden hat Wert und Preis. Dasselbe gilt für Bauland; in gewöhnlicher Lage kostet der Erwerb so gut wie nichts, zumal dafür die geringsten Böden die besten sind; die Entfernung spielt ja keine Rolle mehr, seit jeder sein Auto, und viele ihr Flugzeug haben. Aber Grundstücke am oder im Walde, oder mit schöner Aussicht, und namentlich am Wasser sind relativ selten, und seltene Dinge haben eben Wert."

„Aha: Also doch eine Ursache für Unterschiede des Einkommens!"

„Freilich! Aber sie sind winzig und fallen durchaus nicht ins Gewicht. Die guten Äcker und Weinberge sind immer wieder zwischen den Erben geteilt worden, und jetzt sind die Einzelstücke im Verhältnis so viel kleiner als die normalen, dass der Vorteil verschwindend klein ist, wenigstens im Verhältnis zu dem sonstigen Einkommen, kleiner jedenfalls, als der Vorteil, den ein besonders begabter und fleißiger Wirt seinen Mitwerbern voraus hat. Wenn nun ein solches Grundstück, das zu klein ist, um noch einmal geteilt zu werden, von einem Erben übernommen wird, so muss er natürlich den weichenden Erben ihren Teil an diesem Bodenwert ebenso auszahlen, wie am Wert der Gebäude, der fest mit dem Boden verbundenen Anlagen, der sogenannten Meliorationen, und des Inventars und Mobiliars. Wenn das Barvermögen nicht auslangt, trägt er eine Tilgungshypothek für die Miterben ein. Er kann aber auch einen Geldgeber suchen, um sie bar auszuzahlen, und solche Hypotheken kommen zuweilen an die Börse. Dasselbe gilt für Hypotheken auf Häuser. Ein sehr wichtiger Teilmarkt ist noch der der Kundenwechsel, die in der Regel von den Banken in den Verkehr gebracht werden."

„Und das Gegenangebot, die Nachfrage?"

„Ist natürlich – was sollte es sonst sein? – die gesellschaftliche Ersparnis. So gering der Zins auch ist: Wer ein größeres Guthaben hat, legt es gern an, zumal fast alle Anlagen ‚goldgerändert', völlig sicher sind. Das Hauptangebot von dieser Seite her kommt freilich nicht von den Privaten, sondern von der kollektiven Ersparnis, der Versicherung. Ich sprach dir schon von der Zwangsversicherung für Todes- und Erlebensfall. Die ist bei uns seit etwa fünfzehn Jahren eingeführt, Henricys Verdienst. Jedes neugeborene Kind wird sofort zu Lasten der Eltern auf eine runde Summe versichert, die mit dem vollendeten achtzehnten Jahre für Zwecke der Ausbildung oder Aussteuer fällig wird. Sie beträgt heute tausend Gramm. Und jeder Erwachsene wird von da an zu seinen eigenen Lasten auf Tod und Erleben versichert, auszahlbar bei seinem Tode an seine Erben, bei Erleben mit fünfundfünfzig Jahren an ihn selbst. Die Police lautet heute über fünftausend Gramm. Die Prämie kann jeder leicht entbehren; sie wird ihm regelmäßig zur Last geschrieben. Diese Versicherung braucht keine Direktion, keine Beamten, keine Propaganda mit Agenten, keine Kasse, keine ärztlichen Honorare, und kommt daher trotz des niederen Zinsfußes mit sehr geringen Kosten aus. Die Zwangssparkasse ist der vornehmlichste Geldgeber auf dem Kapitalmarkt. Es gibt aber daneben alle Arten privater Versicherungsgesellschaften auf Aktien und auf Gegenseitigkeit."

„Wofür?"

„Für alles, sogar für Tod und Erleben. Leute mit hohem Einkommen und zahlreicher Familie nehmen oft noch eine private Zuschlagsversicherung auf; dann für Feuer: Die Häuser sind von verschiedenem Wert, und das Mobiliar erst recht. Denke an deines Verwandten kostbare Musikinstrumente. Ferner gibt es eine Krankheitsversicherung, natürlich bei völlig freier Arztwahl, Unfallversicherung: Heute ebensogut wie früher versichern Musiker ihre Finger, und Sänger ihren Kehlkopf. Dann gibt es Versicherung für Hagelschaden (einige Provinzen haben dafür Zwangsversicherung), für Transporte zu Land, zu Wasser und im Luftverkehr und so weiter; nur für Diebstahl ist die Assekuranz wohl überall ausgestorben: Das Risiko ist allzu klein. Alle diese Unternehmungen üben eine Nachfrage nach Anlagen aus, – und das Angebot ist im Verhältnis klein, also der Zins bzw. die Dividende sehr gering, und entsprechend gering die Kursdifferenzen. Da lies den letzten Kursbericht aus Frankfurt: Hoch über pari stehen nur einige Bergwerke und Petroleumgesellschaften, Anleihen fast alle dicht bei pari, ebenso die Industriepapiere mit wenigen Ausnahmen. Hier die eine, die IFAG, die Icarus Flugzeug Aktiengesellschaft, hält den Rekord mit zweihundertzwanzig. Sie besitzt ein Patent für ein wirklich vollkommen betriebs- und unfallsicheres Fluggerät. Es läuft noch achtzehn Jahre, dann werden auch diese Aktien in die Reihe tanzen."

„Wunderbar! Zins, Kapitalmarkt, Börsen, Terminhandel, Hypotheken, alles beim Alten, und doch kein Kapitalismus, und doch Gleichheit!"

„Ja, mein Freund. Was für euren kranken Körper Gift war, ist für unseren gesunden Körper Nahrung. Und nun, was wirst du tun? Wirst du in deine Zeit zurückreisen?"

„Den Teufel werde ich! Ich bleibe und suche mir Arbeit."

„Du könntest dich glänzend mit Vorträgen über deine Zeit und deine Maschine ernähren."

„Weiß schon. Habe bereits Dutzende von Angeboten. Aber allerschönsten Dank. Ich will was Ehrliches schaffen. Eine Stellung finde ich schon."

„Wirst von unten anfangen müssen. Gerade in deinem Fach hat man große Fortschritte gemacht."

„Umso besser! Einen Mann, der feilen und zeichnen kann, wird man schon brauchen."

„Keine Sorge. Warte mal!" Er hob den Telefonhörer ab und rief Zahlen hinein. Ein junges Frauengesicht erschien im Spiegel. „Ist der Direktor zu sprechen?" „Ich stelle um." Ein Männergesicht und eine tiefe Stimme. „Wilke? Was steht zu Diensten?" „Morgen, Döring. Der Mann aus der vierten Dimension sucht Arbeit." „Der ist doch Ingenieur? Kann in der Maschinenschlosserei anfangen. Soll sich morgen Mittag 12 Uhr bei Meister Kasulke, Saal XV melden. Noch was? Danke, Schluss!"

„Das war Direktor Döring von der IFAG. Ich dachte mir, das würde dich am meisten interessieren. Es ist der letzte Schrei der Technik."

„Herzlichen Dank! Morgen trete ich an."

Die Schaffenden

Die Arbeiter der Frühschicht auf Saal XV der „Ifag" reckten die Hälse und flüsterten, als Bachmüller eintrat. Sie hatten ihn sogleich erkannt. Ein breitschultriger Mann trat ihm mit ausgestreckter Hand entgegen: „Freut uns alle, Kamerad, Glück und Segen zum guten Anfang. Der Direktor hat mich benachrichtigt. Mein Name ist Kasulke."

„Grüß Gott! Kannst du mich unterbringen?"

„Welche Frage! Hundert, wenn ich sie nur kriegen könnte. Wir zahlen schon drei Gulden die Stunde. Aber Arbeit ist knapp. Wir werden noch höher gehen müssen. Wir könnten in vier Schichten arbeiten. Alle Hände voll dringender Aufträge, und kein Arbeitsangebot. Wir müssten erweitern. Aber dafür sind erst recht keine Arbeiter zu finden. Ja, Arbeit ist eine merkwürdige Ware. Wenn ihr Preis steigt, der Lohn, wird das Angebot immer kleiner, und immer größer, wenn er sinkt."

„Aber das ist doch ganz unmöglich."

„Es ist aber ein Faktum. Wo der Lohn niedrig steht, müssen schon die Kinder und viele Frauen an die Arbeit, und die Männer schuften, bis sie nicht mehr weiterkönnen; und die Arbeitszeit ist zehn Stunden und oft noch viel mehr. Bei uns aber fangen die jungen Leute erst mit achtzehn an, hören mit fünfzig, fünfundfünfzig auf, und arbeiten nur fünf Stunden, und Frauen findest du in *Fabriken* kaum, außer in den Büros. Und jetzt gerade ist für uns die schlimmste Zeit: Die Ernte hat eingesetzt; da sind so gut wie alle Grundbesitzer draußen, die in der stillen Zeit mal mit Hand anlegen, um sich ein Extrageldchen zu verdienen. Es ist ein Kreuz." Aber seine Augen lachten.

„Angebot und Nachfrage", sagte Bachmüller.

„Ja, wat den eenen sin Uhl, is den andern sine Nachtigall, sagt man bei uns zu Hause in Westpreußen. Als Arbeiter bin ich froh, als Meister habe ich meine Sorgen. Vielleicht machen wir mal ein oder zwei Monate lang Überstunden, Sechsstundenschicht statt Fünfstundenschicht. Die Direktion will sehr gern, will auch anständig blechen, bietet 50 % Aufschlag für die Überstunden, aber die Kameraden haben keine große Lust. Und zwingen kann sie niemand. Bin neugierig, was das gemischte Komitee morgen beschließt. Die Genossenschaften haben es bequemer. Da geht so was glatt. Aber wir sind noch Privatbetrieb."

„Noch? Was heißt das?"

„Na, wird nicht mehr lange dauern, bis wir die Mehrheit der Aktien haben, und dann wandeln wir um."

„Ist das kein Unrecht gegen die Aktionäre?"

„Wie denn? Weißt du, wie hoch unser Kurs steht? Ja? Na, damit sind ihre Chancen reichlich abgefunden. Der Kurs wäre nicht so hoch, wenn die Belegschaft nicht alle Aktien kaufte, die sie kriegen kann. Wir wollen endlich Herren im eigenen Hause sein. Lieber ein bisschen weniger verdienen. Die Direktion ist ganz auf unserer Seite, und den Aktionären wird's recht sein. Sie kriegen mehr als das Doppelte ihrer Einlage zurück und hatten jahrelang hübsche Dividenden. Also, wo stelle ich dich hin? Kannst du feilen, kannst du drehen, kannst du am Support arbeiten?"

„Ich hatte drei Jahre Praxis."

„Na, da kommst du zur Montage. Den Bogen wirst du im Augenblick heraushaben. Gehört nur ein bisschen mehr Grips dazu, als die meisten haben. Morgen früh 7 Uhr, komm ein wenig früher, damit ich dich den Kameraden vorstellen kann. Das hier ist die Nachmittagsschicht. Holla, Schmidkunz." Der Gruppenführer sah von der Arbeit auf. „Das ist ein Neuer, Hans Bachmüller, für die Frühschicht. Zeige ihm doch mal, was Nummer Fünf zu tun hat. Und dann sorge für seine Ausrüstung! Grüß Gott, ich gehe zu meinen Rosen."

Er trabte ab. Schmidkunz sah ihm lächelnd nach. „Ein goldener Kerl. Ist ganz verrückt mit seinen Rosen. Ist so 'ne

Art von Oberpriester in der Sekte. Komm her und sieh zu. Wedell, das ist Nummer Fünf der Frühschicht, Kamerad Bachmüller."

„Kenn ick", schmunzelte der Berliner. „Fridl hat uns vorgestellt, gestern in Professors Garten. Wir sind im gleichen Semester."

„Richtig, du bist der lustige Junge vom Polizeidirektor."

„In Lebensjröße! Also sieh her. Worauf es ankommt, ist, dass diese Fläche hier absolut genau im rechten Winkel zum Gestell liegt. Ab-so-lut genau! Hier sind die Mikrometerschrauben", und er versank tief in die dunkelsten Geheimnisse der Technik, während seine flinken Hände arbeiteten, und seine Augen bald an diesem, bald an jenem Mikroskop hafteten.

Die fünf Stunden verrannen wie im Fluge. Bachmüller war begeistert von der genialen Konstruktion, die er schnell begriffen hatte. Wieder einmal war die einfachste Lösung die beste gewesen. Freilich gehörte dazu eine Präzisionsmechanik, die vor einem Jahrhundert kaum im ersten Keime in den reichsten Laboratorien existiert hatte: Jetzt war sie Teil eines gewaltigen Fabrikationsprozesses. Die letzte Stunde ließ Wedell ihn allein arbeiten und beobachtete nur. Dann schlug er ihm auf die Schulter: „Det machste ja sauber. Du wirst det Kind schon schaukeln. Frühschicht kann sich gratulieren. Na, lange bleibste da nich. Det kann ick dir flüstern. Du bist 'n Springer, pass uff, bald sitzte in de Direktion."

„Erst muss ich durch den ganzen Betrieb durch. Das ist ja ungeheuer interessant."

Die Glocke ertönte.

„Schluss", sagte der Vorarbeiter, und stellte die Kraftleitung ab. „Jetzt schnell mal zum Magazin und Lohnbüro. Musst deine Banknummer angeben für die Überweisung. Und im Magazin musst du dir Arbeitszeug vermessen lassen. Das stellt natürlich die Firma."

Die Anmeldung im Lohnbüro war in einer Minute erledigt. Einen Vorschuss konnte Bachmüller ablehnen. Dann ging's zum Magazinverwalter. Ein passendes Overall aus starkem blauem Drell war bald gefunden, ebenso eine Mütze.

„Nun noch die Handschuhe."

„Handschuhe?"

„Ja, Handschuhe. Wir mögen keine schwarzen Nägel und rissige Hände. Bei schmutziger Arbeit trägt man Handschuhe."

Der Magazinverwalter stellte einen Kasten voller Arbeitshandschuhe auf den Tisch, gefertigt in allerfeinstem Maschenwerk aus einem zähen Metalldraht. Kundigen Auges wählte er ein Paar aus, das Bachmüller überstreifte. Sie fühlten sich an, als wären sie aus dem zartesten Schwedenleder. Er holte die Uhr hervor und zog sie auf: Das Getast war völlig ungestört.

„Damit kannste die feinste Arbeet machen", sagte Wedell, „und die jröbste auch. Is völlig staubdicht und lässt doch Luft durch. Rostfrei und janz leicht zu reinigen. Legst se in Benzin und bürstest drüber, fertig. Det halte ick vor eenen der jrößten Fortschritte der Menschheit."

Am nächsten Morgen war Nummer Fünf der Montagegruppe im Saal XV an der Arbeit. Auf einmütigen Wunsch der Familie hatte Bachmüller eingewilligt, wenigstens vorläufig ihr Gast zu bleiben. Die Kinder vergötterten ihn, namentlich Paulchen, der in ihm einen Helden verehrte. Er hatte sich ein Auto angeschafft, für achthundert Gramm auf Ratenzahlung. Da er täglich mit Überstunden – sie waren für zwei Monate bewilligt worden – 19,5 Gramm, also monatlich 486,5 Gramm verdiente, konnte er den Wagen bequem in drei bis vier Raten abzahlen.

Als er etwa vier Wochen später mittags heimkam, traf er im Garten den Professor, der seine Blumenbeete inspizierte.

„Mann, du humpelst ja."

„Ja, Vetter, es scheint, ich kann das lange Stehen nicht vertragen. Die alte Wunde spukt wieder. Ach, du weißt nicht, ich habe 1918 einen Schuss in den Mittelfuß abgekriegt. Als die Splitter endlich raus waren, ist er ja soweit ganz gut geheilt, aber offenbar ist doch eine Schwäche zurückgeblieben."

„Wir fahren am Nachmittag nach Tübingen zu unserem Orthopäden, Professor Neumann."

Der berühmte Chirurg betrachtete das Röntgenbild. „Nichts Aufregendes", sagte er. „Ein kleiner Senkfuss. Das bringt Meister Ludwig Krahl schon in Ordnung, Obstmarkt 18. Stell dich mit dem Stiefel mal wieder vor. Die Schuldigkeit? Bitte im Sekretariat. Auf Wiedersehen."

Bachmüller übergab der Sekretärin einen Scheck über zehn Gramm und fuhr bei Meister Krahl vor. Der kleine Mann mit dem Löwenkopf empfing ihn in seiner Werkstatt. Die Wände waren bedeckt mit Abgüssen von Klump- und Spitzfüßen und anatomischen Bildern; unter Glas standen eine Anzahl von Fußskeletten.

„Eine Kriegsverletzung? Das ist wohl das einzige aus meinem Fach, was ich noch nicht gesehen habe. Zeig her. Auch das Röntgenbild, wenn ich bitten darf." Er studierte die Fotografie genau und betastete dann den kranken Fuß von allen Seiten mit gelenkigen Fingern, die wie Fühlhörner arbeiteten. Dann sagte er: „Eine ziemlich einfache Einlage wird es machen. Der Fuß muss unter dem dritten Mittelknochen gestützt werden."

Er nahm Maß und Abdruck. „In drei Tagen ist der Stiefel fertig. War mir ein Vergnügen, auf Wiedersehen."

„Auf Wiedersehen, Herr Kollege", sagte der Professor lachend. „Nein, nein, es ist mir ernst. Er ist ein ebenso guter Arzt wie Schuhmacher, Hans. Und den Ehrendoktor hat er wirklich verdient, sagt Neumann."

Als sie wieder im Auto saßen, sagte der Professor: „Der Mann ist eine Weltberühmtheit. Seine Studien über die Mechanik des Gehens sind grundlegend. Er hat ein Einkommen wie ein großer Maler. Er soll achtzig Gesellen sitzen haben; die Fußleidenden aller Erdteile pilgern zu ihm wie zu einem Heiligenschrein. Einer von den Hochbegabten, nur ein Schuster, aber ein feiner Kulturmensch. Er hat für seine Heimatgemeinde Großsachsen eine gotische Kapelle gebaut, fabelhaft, in Werkstein, mit vergoldetem Kupfer gedeckt. Sein Sohn, der ein tüchtiger Bildhauer ist, hat alles entworfen, auch das prachtvolle Fenster. Jetzt arbeiten sechs der besten Bildschnitzer Deutschlands schon jahrelang an dem eichenen Kirchengestühl. Es wird schöner als Erfurt oder Maulbronn, kostet Unsummen. Aber ihn freut es und seinen Jungen auch. Sie setzen sich beide ein Denkmal. Im Vertrauen: Ich glaube beinahe, der Johannes Krahl hat ein Auge auf meine Marianne. Mir soll's sehr recht sein. Bestes schwäbisches Bürgerblut.“

„Meinen Glückwunsch! Der Bengel hat Chance. Sage mal, Vetter, meine Uhr zeigt Mucken. Muss wohl mal gereinigt werden. Wo ist hier ein guter Uhrmacher?“

„Um die Ecke“, sagte der Professor, und bog rechts in eine Seitenstraße. Vor einem bescheidenen Laden hielt er an. Ein schmaler, dunkelhaariger Vierziger begrüßte sie, kluge, humorvolle Augen über der Hakennase, ein dünner Schnurrbart über dem schmallippigen Munde.

„Tag, Meister Bergmann. Mein Vetter Bachmüller bringt eine Patientin.“

„Sehr erfreut, Bachmüller, wo fehlt's?“

Er klemmte die Lupe ins Auge. „Verschmutzt. Selbstverständlich. Seit hundertzwei Jahren nicht gereinigt. Das verträgt das beste Werk nicht. In drei Tagen kann sie abgeholt werden. Hier eine alte silberne als Vertreterin. Auf Wiedersehen.“

„Das ist auch ein Hochbegabter“, sagte der Professor, als sie weiterfuhren. „Er baut die herrlichsten Turmuhren mit Musik, sich bewegenden Figuren und allem was sonst noch dazu gehört. Das zeichnet, schnitzt und baut er alles selbst mit einem oder zwei Gehilfen. Seide spinnt er nicht dabei, aber lebt vergnügt und gibt seinem Affen Zucker, soviel er nur mag – wie wir alle. Ein glücklicher Kerl! Aber er lässt sich grundsätzlich für diese Kunstwerke nur das Material bezahlen.

Er sagt: ‚Solche Sachen kann man nicht für Geld machen. Friedrich Bergmann errichtet sich ein Denkmal.' Und dann lacht er wie ein Spitzbube. Er ist ein guter Freund unseres Hauses. Die Kinder vergöttern ihn; er hat ihnen die niedlichsten Spielzeuge gemacht, reizende kleine Automaten."

„Zwei feine Typen. Gibt es viele von der Sorte?"

„Sind natürlich selten von dieser Begabung, aber viel häufiger, als eure Zeit ahnte. Wieviel angeborenes Genie habt ihr zugrunde gehen lassen! Wie selten kam einmal einer aus der großen kerngesunden Unterschicht empor, und was kostete ihn der Aufstieg an ursprünglicher Kraft! Goethe wäre wahrscheinlich nicht Goethe geworden, wenn er nicht als Enkel des Bürgermeisters der Kronprinz von Frankfurt und der sorglose Sohn eines reichen Mannes gewesen wäre."

„Wahrhaftig", sagte Hans, „und von den wenigen, die sich unverbogen durchsetzten, wurden die meisten dann noch durch den Erfolg verdorben, wenn erst die Snobs und die steuerlosen Weiber sich ihrer bemächtigten. Da wurden Leib und Seele ruiniert, und der Größenwahn im Treibhause gezüchtet. Da musste die Muse, die sich nicht mehr freiwillig geben wollte, geradezu genotzüchtigt werden, und ihre späteren Kinder waren denn auch danach. Es war ein Jammer. Ich denke an ein paar Jugendfreunde; die meisten mussten herunter ins Philistertum: Frau und Kinder brauchten Brot, und in der Enge der Mietskaserne verkümmerte ihr Genie. Ein paar haben's geschafft – und wurden Händler mit ihrer Kunst. Mussten durchaus leben wie die Reichen, mit denen sie verkehrten, mussten jedes Jahr ein neues Buch oder Werk ‚produzieren', und gingen zum Teufel. Kennst du Eichendorffs Gedicht von den beiden munteren Gesellen? ‚Herr Gott, führ uns liebreich zu dir!' Ein einziger hielt trotzig durch, lebte in einer Bauernkate und malte, malte. Nach seinem Tode – er starb an der Schwindsucht – schlugen sich die Kunsthändler um seine Bilder."

Ja, das war der Kapitalismus, die dreckigste Zeit aller Weltgeschichte, die heldenloseste. Kein Zug von Größe darin, nicht einmal ein Cesare Borgia, nicht einmal ein Scheusal von Format, nur Mammonsdienst und natürlich Verfall aller Kultur und aller Volkskraft. Denn nur aus dem tiefen Mutterboden der gesunden Volkheit wächst echte Kultur. Die Athener zur Zeit des Perikles nach den großen Bodenreformen durch Solon und Kleisthenes, die waren ein, zwei Generationen hindurch gesund und brachten Phidias, Praxiteles, Aischylos und Sophokles hervor. Und ebenso war es in der Renaissance, in Italien von Giotto bis Michelangelo, dann kam der Verfall mit dem des Bauerntums. Und in Deutschland wuchsen Holbein, Dürer, Peter Vischer, Veit Stoß, auch auf dem damals noch nicht zerstörten Bauerntum, über dem das tüchtigste Bürgertum stand. Bei dem Riesen Grünewald spürst du schon den beginnenden Verfall der Bauernschaft, dem der der Städte sofort folgen musste. Er ist ja auch in dem großen Bauernkriege verschollen, wahrscheinlich einer der Tausenden, die die Fürsten und der Adel niedermetzeln ließen."

„Sieh, ich konnte das nicht mehr aushalten. Darum bin ich zum Einsiedler geworden."

„Ja, sie hatten alles besudelt und vergiftet, hatten den Bauern zum stumpfen Knecht entwürdigt – und nannten ihre tote Zivilisation Kultur. Ach, wie klug schwätzten sie von der alten Kunst und sammelten Gemälde, Skulpturen, Schnitzereien bis herab zur Negerkunst. Dafür hatten sie Geld, aber die Lebenden ließen sie verhungern. Ich las einmal die Selbstbiografie eines bedeutenden Kunstgelehrten eurer Zeit, der sich als junger Mensch damit ernährte, dass er für Cooks Reisebureau als Fremdenführer durch die Museen frondete. Eines schönen Tages stand er mit einer Gruppe von reichen Amerikanern vor dem wunderbaren Bilde von Velasquez im Prado-Museum, *Vulkans Schmiede*. ‚Ist das nicht großartig?‘, fragte er hingerissen. Und ein Schlachthausprinz aus Chicago antwortete: ‚Das nennen Sie großartig? Mein Vater schlachtet täglich zwanzigtausend Schweine. Das nenne ich großartig.'"

Sie fuhren eine zeitlang schweigend dahin, in tiefes Nachdenken versunken. Dann lachte der Professor: „Du, zur Kultur gehört schließlich auch, dass man sich die Haare schneiden lässt. Mir scheint, du hast's so nötig wie ich." Das Auto hielt vor einem schmucken Laden, vor dem die drei Messingbecken blinkten.

„Haarschneiden, Meister Finck, und Bart stutzen!"

„Grüß Gott, Professor! Wilhelm, ein Kunde."

Aus dem Hinterzimmer erschien ein junger Mensch von etwa fünfundzwanzig Jahren. Er lachte den Professor an, der ihm die Hand reichte. „Siehst du mir nichts an, Professor? Ich bin nicht mehr Gehilfe, ich bin jetzt Chef."

„Meinen Glückwunsch!"

„Ja", sagte Meister Finck, während die beiden Chefs eifrig an dem Nackenhaar der Kunden herumschnitten, „was soll man anders machen? Ausgelernt hat der Lausbub, er versteht das Geschäft wie ich. Das Geld hat er auch, um sich selbstständig zu machen, und weiß, dass für zwei reichlich zu tun ist. Sollte ich mir einen Konkurrenten auf die Nase setzen? Dann hätten wir beide den ganzen Tag im Laden sein müssen, und keiner hätte mehr verdient. Und so war's gescheiter, ihn als Sozius hereinzunehmen. Jetzt haben wir beide reichlich Zeit; nur morgens und abends müssen beide im Laden sein. Er hat mir die Hälfte des Inventarwerts bar ausgezahlt, und von jetzt an teilen wir uns in die Arbeit und den Verdienst. Mein Klärchen kriegt er gratis in den Kauf, der schlechte Kerl, der Haderlump."

„Gratuliere, Finck, alles Glück, Wilhelm! Wann soll Hochzeit sein?"

„In drei Wochen, wir hängen schon", sagte der Bräutigam strahlend. „Klärchen bleibt im Geschäft, solange es geht, Damenfrisur und Maniküre", fügte er für Hans Bachmüller erklärend hinzu.

„So? Und wer kriegt den Verdienst dafür?"

„Ist alles richtig geordnet. Sie kriegt ihren Lohn, der Ertrag geht an die Firma."

„Wo hattest du denn das Geld her?"

„Von der Ausstattungsversicherung und aus meinem Spargeld. Mein alter Herr hat ein bissel dazugegeben. Er kann sich's leisten."

„Ist die Kläre da? Dann soll sie sich sehen lassen."

Das rotwangige dralle Schwabenmädel knixte errötend, als der Professor sie am Ohrzipfel nahm. „So? Also man will heiraten, Mamsell Übermut? Wissen's denn meine Mädels schon?"

„Ist ja erst heute morgen passiert", sagte der Blondkopf verlegen und schob an dem funkelnagelneuen Trauring herum.

„Na, das gibt zu Hause eine Überraschung. Wisst ihr, ihr kommt heute Abend allesamt zu uns, deine Frau natürlich auch, Meister Finck. Ich spendiere eine Verlobungsbowle. Abgemacht? Bis dahin Stillschweigen."

„Siehst du", sagte der Professor, als sie weiterfuhren, „das sind nun keine Hochbegabten. Nichts als normale Handwerker. Wilhelms Vater ist Hauptbuchhalter an der Gaubank, sein Bruder ein außergewöhnlich tüchtiger Zahnarzt, aber er ist zufrieden, ein trefflicher Barbier zu sein. Er hat die Welt gesehen, hat in vielen Städten draußen gearbeitet und kann sich mit seinen Kunden in mehreren Sprachen verständigen. Es geht ihm gut."

„Großartig, dass eine Familie wie deine so auf gleichem Fuß mit einfachen Handwerkern verkehrt."

„Was ist daran großartig? Selbstverständlich ist es. Die Kläre war mit meiner Marianne in einer Klasse und viel bei uns, der Wildfang. Kein Baum war ihr zu hoch. Sie hat von mir und meiner Frau so manchen Klaps abgekriegt. Das hat aber der Liebe nicht geschadet, und du wirst ja sehen, wie sie sich benehmen. Tadellose Manieren. Die beiden Mütter sind aus guten Familien. Erinnere mich doch, dass ich Wilhelms Eltern noch bitte."

„Kommt das oft vor, dass ein Gehilfe Sozius seines Meisters wird?"

„Sehr oft! Meister Finck hat dir doch erklärt, dass es für beide Teile vorteilhaft ist. Geringere Anlagekosten, ein Geschäft statt zweier oder mehrerer, mehr freie Zeit und oft genug mehr Verdienst, nämlich überall da, wo sich die Arbeit technisch teilen lässt. Das ist ja beim Friseur kaum der Fall, aber bei den meisten anderen Handwerken. Und so werden die wirklich ausgelernten Gehilfen fast immer nach jahrelanger Wanderzeit, obgleich die nicht vorgeschrieben ist, entweder selbst Meister oder, und das ist viel häufiger der Fall, Geschäftsteilhaber ihrer Meister. Das war übrigens im dreizehnten und vierzehnten Jahrhundert in Deutschland auch der Fall, denn auch damals liefen zwei Meister einem Arbeiter nach und überboten sich statt umgekehrt."

„Wie kam das?"

„Aus demselben Grunde wie bei uns. Kein Bodenmonopol. Der ganze Osten riss sich um den deutschen Bauern und Handwerker, nicht nur das ostelbische Deutschland, auch Polen, Böhmen, Ungarn. Bis in die Zips und nach Rotrussland war damals der deutsche Pflug vorgedrungen, bis der Adel das fast noch leere Land sperrte. Dann war's aus. Damit begann der Kapitalismus und zwar auf den großen Rittergütern im Osten. Die Industrie hinkte nur sehr langsam nach."

Die Gesellschaft am Abend verlief in Fröhlichkeit. Die beiden Bachmüller-Mädchen hatten ihre Freundin in eine Laube verschleppt, in die einzudringen Wilhelm unter hellem Gelächter und zuletzt mit grober Brachialgewalt verwehrt wurde; dabei spielte Paulchen eine Hauptrolle, bis die lustige Prügelei zu einem regelrechten Dschiu-Dschitsu-Kampf wurde, bei dem der Große nicht immer die Oberhand hatte. Bachmüller saß mit der behäbigen Frau Finck plaudernd auf der Veranda.

„Wie fröhlich ihr alle seid! Man sieht fast nur vergnügte Gesichter. Die jungen Menschen pfeifen und singen auf der Straße, wie zu meiner Zeit nur die Italiener, manchmal machen sie auch einen Hopser. Wenn ich an uns denke, sogar beim Tanzen sahen die Partner aus, als hätten sie einen Prozess miteinander."

Die mütterliche Frau legte ihm sacht die Hand auf die Schulter: „Arme Menschen! Ja, wir sind froh, wenn uns nicht besonderes Leid trifft. Und auch das tragen die meisten tapfer. Ich habe vieles aus eurer Zeit gelesen, und ich glaube, ich verstehe sie. Der furchtbare *Raskolnikow* Dostojewskis, Tolstois *Anna Karenina*, Gerhard Hauptmanns *Weber* und *Hanneles Himmelfahrt*, Baudelaires *Fleurs du Mal*, Upton Sinclairs unerbittliche Anklageschriften. Es muss die Hölle gewesen sein."

„Es war die Hölle."

„Ich denke, die grauenhafte Unsicherheit war das Schlimmste, Unsicherheit in jeder Beziehung, politisch, wirtschaftlich, sittlich. Jeden Augenblick drohte ein neuer, noch furchtbarerer Krieg. Inzwischen führten die Staaten ihre Handels- und Geldkriege. Kein Besitzender war seiner Existenz einen Augenblick sicher. Und über den Unterklassen hing das Gespenst der Arbeitslosigkeit. Die droben erstarrten im Grauen vor dem Sturz in die stinkende Kloake unter ihnen, und nicht weniger vor der täglich möglichen Empörung ihrer Arbeitssklaven."

„Es kamen noch andere Gespenster aus der Tiefe; Ende des neunzehnten Jahrhunderts starb ein königlicher Prinz Englands am Scharlach. Der Hofschneider hatte eine Weste in einer Schwitzhölle nähen lassen, wo die Kinder am Scharlach darniederlagen. Und die Tiefe rächte sich mit Geschlechtskrankheiten, die die oben weithin vergifteten. Die Prostitution war grauenhaft", erzählte Hans Bachmüller.

„Ja, ich weiß. Ich habe Alexander von Öttingen, Lombroso, Liszt und viele andere gelesen. Aber aus allem erwuchs das Schlimmste, was es geben kann: die seelische Unsicherheit. Eure Welt war ein Schiff ohne Kompass und Ziel, ihr triebt vor den Wellen. Ihr glaubtet an nichts mehr. Gewalt war Recht, Wahrheit stand unter Zensur und wurde erstickt, wo sie gegen die herrschende Ordnung verstieß. Wo aber kommt der Mensch hin, wenn er nicht mehr weiß, was Gut und Böse, Wahrheit und Irrtum ist? Wenn er die ewigen Sterne nicht mehr erblicken kann, nach denen er zu steuern hat? Das war die ärgste Not deiner Zeit, denn daraus folgte *ihr böses Gewissen.* Jeder nicht ganz verdorbene oder verrückte Mensch musste doch fühlen, dass diese Gesellschaft im tiefsten Kerne krank und faul war."

„Und wir litten, wie jede Zelle leidet, wenn der Mensch septisches Fieber hat. Ja, die Welt fieberte und schlug blind um sich; sie jagte den tollsten Halluzinationen nach, machte aus jedem Teufel einen Gott, und aus jedem Gott einen Teufel, verfluchte den Geist und pries die ‚Natur'; darunter verstand sie den blöden Instinkt, die blanke Willkür der ungezügelten Begier: Rassenhass, Klassenhass, Massenhass, Bestialität als Heldentum – Gott, mein Gott, wie selig bin ich, dem entronnen zu sein."

Der Führer

„Hallo, hallo, hier deutscher Sender. Wir bringen den Glückwunsch des Weltbundes zu Hermann Henricys sechzigstem Geburtstag."

Die Familie saß auf der Veranda in der milden Augustnacht. Der Lautsprecher hub wieder an:

„Wir feiern heute den Jubeltag eines der besten Männer unserer Zeit, Hermann Henricy. Wieder einmal klingt sein großer Name um die ganze Erde, in allen Sprachen, zu allen Brüdern und Schwestern. Aber heute erfahren nicht wir von einer neuen seiner Taten, sondern er erfährt unseren Dank für seine vergangenen Taten. Einem der großen Führer gilt er.

Viererlei Führer brauchte es zur Erlösung: den *Seher*, den *Denker*, den *Wecker*, den *Ordner*. Die *Seher* bestimmten das Ziel, das Hochziel der Menschheit, dem sie nachzustreben hatte. Die *Denker* fanden Stück für Stück den Weg zum Ziele. Die *Wecker* riefen und mahnten, bis die Menge sich in Bewegung setzte. Die *Ordner* waren die Herzöge des Zuges und die Baumeister der neuen Gesellschaft.

Einer dieser Ordner ist unser Hermann Henricy: ein Künstler, dessen Stoff die Völker sind, ein Obrist, dem sie begeistert folgen, ein Bildner der Menschheit, ein Staatsmann. Als wir vor zehn Jahren seinen fünfzigsten Geburtstag feierten, haben uns seine Jugendgenossen erzählt, was er ihnen bedeutete. Schon als Schulknabe war er der Hauptmann ihrer Spiele; nie gab es in den Kämpfen der Indianer und Pflanzer einen geschickteren Strategen, einen mutigeren Anführer, einen Häuptling, der wie er das letzte aus den Seinen herauszuholen vermochte. Als Jüngling schmiedete er die Fußballelf seiner Heimat zu einem einheitlichen Körper zusammen, der, beseelt von einem einzigen Siegeswillen, seine Farben triumphierend durch alle Welt trug. Wer vor vierzig Jahren den Schlusskampf sah, in dem diese Mannschaft dem letzten starken Gegner den Olympiapreis abgewann, spricht heute noch mit Begeisterung davon.

Dann sehen wir ihn als Reiterführer in der Grenztruppe, die die asiatische Ostgrenze des Weltbundes gegen die Einfälle vereinzelter Steppenhorden zu schützen hatte. Die wilden Kinder der Natur lernten es bald, diesen riesenhaften Kentauren ebenso zu fürchten wie zu bewundern. Denn noch größer als seine zur Legende gewordene Tapferkeit und Waffenkunst war die Gerechtigkeit und Milde, die er walten ließ, wo es irgend möglich erschien. Sie wussten: Im Bösen wie im Guten war sein Wort unverrückbar, und das hat mehr als unsere überlegene Waffenkraft sie uns und dem Weltbunde gewonnen. Fragt einmal in den schwarzen Zelten der Mongolen nach Ermann Germani, und ihr werdet Heldenlieder hören ohne Ende.

Dann kam er in die Heimat zurück und zeigte ihr, dass er ebensoviel Bürgertugend besaß wie Kriegstüchtigkeit. Das väterliche Weingut war bald eine Musterwirtschaft, zu der man pilgerte, und seine Genossen, mit denen er Arbeit und Ertrag redlich teilte, vergötterten ihn bald ebenso, wie früher die Reiter seiner Schwadron. Strenge Gerechtigkeit, mit Milde vereint und durch einen herzlichen Humor versüßt, holte auch hier wieder das Letzte aus der Kameradschaft heraus.

Bei der nächsten Wahl schon entsandten ihn seine Mitbürger in den Gemeinderat, und ein Jahr später wurde er der Vorstand der Gemeinde. Was er für Winslingen getan hat, weiß das Dorf, das in ihm seinen größten Sohn verehrt. Jeden kleinsten Schaden spürte sein rastloses Auge auf, und sofort besserte ihn seine rastlose Hand. Fast wunderbar ist es, was er mit den damals doch noch geringen Mitteln für die Straßen, Schulen, Krankenanstalten geleistet, wie er Landwirtschaft und Gewerbe entwickelt und den guten Geist der Einigkeit gepflegt hat. Was er anfasste, gelang; und wieder, weil seine Mitarbeiter in ihm den großen Führer, den Ordner, erkannten und liebten. Niemals dachte er an sich, an seinen Ruhm, geschweige denn an seinen Vorteil. Nur der Sache wollte er dienen, und der diente er in Treue.

So war es selbstverständlich, dass nach kurzer Frist die in der Gauvertretung vereinigten Gemeindevorsteher ihn zum Gauvorstand wählten, und dass wenige Jahre später ihm die größte Macht in die Hand gelegt wurde, die die Welt heute zu vergeben hat: als Provinzialvorstand. Seine Arbeitslast und Verantwortung wuchsen ins fast Übermenschliche. Aber er pflügte geduldig weiter auf dem ihm anvertrauten Acker, und hinter seinen Schritten schoss die Saat in Segen zur Ernte. Er ist der Alte geblieben, der Menschenmeisterer, der er schon als Knabe war, der Mann der weisen Überlegung und Vorbereitung, der entschlossenen Tat, des rücksichtslosen Einsatzes der eigenen Person.

Seitdem hat ihn die ganze Welt kennengelernt. Die zum Staatsrat vereinigten Provinzialvorstände haben ihn in alle die Kommissionen gewählt, in denen der Ordner das Wort zu führen hat. Ist hier die Macht auch gering, der Einfluss reicht umso weiter. An all den großen Werken, die der Weltbund seit zwanzig Jahren beraten hat, ist er entscheidend beteiligt gewesen; und wenn die vereinigten Staatenvertreter zum Beschluss zusammenkommen, so gibt sein Votum sehr oft den Ausschlag, zumal, wenn er es selbst vertritt, der nüchterne Wanderer zu hoch gesteckten Zielen, der Mann der wenigen Worte, die einschlagen wie die Axt in den Stamm.

Wenn heute Abend auf allen Höhen des Jura und des Schwarzwaldes die Feuerstöße flammen, und die Jugend sie jubelnd umtanzt, dann soll er wissen, dass sein Volk ihm dankt und ihn liebt: der einzige Lohn, den er je begehrte. Der Weltbund hat beschlossen, den Gibraltardamm, den er durchgesetzt hat, nach seinem Namen zu benennen. Hoch über dem Mittelpfeiler soll sein Denkmal errichtet werden, das Antlitz gegen Osten. So wird er hinausblicken durch die Jahrtausende, über das neue Land, das er der Menschheit erschloss; so soll er wie Faust den höchsten Augenblick erleben, mit freiem Volk auf freiem Grund zu stehen."

Ergriffen hatten die Freunde zugehört. Leise sagte Bachmüller: „Dafür lohnt es sich zu leben und zu sterben."

Sie traten in den Garten und schauten um sich. In der sammetschwarzen Nacht glühte ein neuer Stern auf, noch einer, viele, auf allen Seiten, von allen Höhen herab flammten die Freudenfeuer, die Ehrenfeuer.

„Den besten aus dem Keller, Barbara", rief der Professor. „Heute ist der Tag für den Forster Jesuitengarten aus dem Kometenjahr. Denn er ist unser! Unser Blut, unser Freund, unser Meister!"

„Da halte ich mit", sagte eine tiefe Stimme von der Gartenpforte her. „Ich bin ausgerissen. Die Frau und die Kinder kommen nach."

„Onkel Hermann!"

„Pscht, ruhig! Braucht niemand zu wissen, wo ich stecke. Gebt mir ein Glas Wein und haltet die Schnäbel. Ich habe vorläufig mal genug von der Feierlichkeit. Nein, kein Licht! Die Sterne und die Feuer genügen, und seinen Mund wird jeder finden."

Er wuchtete sich in einen Korbsessel und brannte mit einem Brummen der Erlösung eine Zigarre an. „Wenn's möglich ist, Kinder, ein bissel Musik."

Bald stand der edle Wein auf dem Tisch, und aus den Fenstern des Musiksaales klang ein Beethovensches Quintett. Hermann Henricy trank und lauschte, entspannt, hingerissen.

„Danke", sagte er, als die Spieler wieder erschienen. „Das ist ewiger als selbst der Gibraltardamm. Ach, Kinder, es ist gut zu leben."

Die Männer rauchten schweigend und blickten hinaus, bis die neuen Sterne auf den Hügeln und Bergen ringsum erloschen. Dann fragte Hans:

„Bist du müde, Henricy?"

„Nein, warum?"

„Weil ich gern etwas fragen möchte. Wie ordnet sich unsere Gesellschaft in die Begriffe meiner Zeit? Anarchismus ist es nicht?"

„Wie man's nehmen will. Das Wort ist nicht eindeutig. Was Proudhon und sogar Stirner vor ihrem geistigen Auge sahen, war nicht so weit vom Ziele. Sie ahnten, dass Führerschaft und Herrschaft zwei grundverschiedene Dinge sind. Du verstehst nicht? Sehr einfach! Suche die Gegenbegriffe. Zur Führerschaft gehört Gefolgschaft, zur Herrschaft Untertanenschaft. Führerschaft ist unentbehrlich, Herrschaft verwerflich. Proudhon wollte die herrschaftslose, nicht die führerlose Gesellschaft, Gefolgschaft freier Menschen unter selbsterkorenen Führern, und hatte recht damit. Dem Leithirsch folgt die Herde, die er bewacht und verteidigt, dem gewählten Herzog folgte jedes freie Volk der Erde und gab ihm willig die Gewalt auch über Tod und Leben, solange der Krieg währte. Das allein bedeutet das Wort, wie er es brauchte: ‚Herrschaftslosigkeit'. In diesem Sinne sind wir in der Tat Anarchisten."

„In meiner Zeit übersetzte man ‚Staatlosigkeit'. Anarchismus, das bedeutete uns die Gesellschaft ohne jede Autorität, ohne festes Gesetz, ohne Richter und Polizei, geregelt nur durch die freie Übereinkunft der einzelnen, der ‚Einzigen'."

„Ich weiß. In dieser Bedeutung sind wir nicht Anarchisten. Wir leben in einer starken Ordnung, unter straffem Gesetz, hinter dem auch eine zu seiner Durchsetzung ausreichende Gewalt steht. Das kannst du, wenn du willst, immerhin einen ‚Staat' nennen. Wir lieben das Wort nicht, außer in der Bedeutung der Einzelstaaten, die den Weltbund bilden."

„Was habt ihr gegen das Wort?"

„Es ist mit falschen Gedankenverbindungen belastet. Man denkt dabei allzu leicht an den Herrschaftsstaat, den Klassenstaat der Geschichte. Den haben wir hinter uns. All das, was ihr ‚Weltgeschichte' nanntet, war nichts als die Geschichte dieser Klassenstaaten. Wir leben sozusagen in der Nachgeschichte, wie die Völker vor dem eisernen Alter in der Vorgeschichte lebten. Darum sprechen wir lieber als von unserem Staat von unserer Ordnung – mit einem Seitenblick auf die greuliche Unordnung der geschichtlichen Staaten."

„Ich weiß, es war eine kurze Periode."

„Lumpige fünf Jahrtausende. Rechne eine Generation als einen Tag der Menschheit, was ungefähr stimmen wird, so langsam war ihr Wachstum, dann ist ein Jahrtausend ein Menschheitsmonat. Das Kind war erst fünf Monate alt: Ist es da ein Wunder, dass es ungebärdig und unsauber war? Was dem Staate vorausging, waren Jahrhunderttausende der Entwicklung von der Tierheit zur Menschheit; was ihm folgen wird, sind ungezählte Jahrmillionen, bis unser Stern erlischt. Wir müssen lächeln, wenn wir in euren Geschichtsbüchern lesen, wie die Völkchen in ihren Kleinstaaten sich aufbliesen – und gegenseitig auffraßen, just wie die Infusorien in einem Schlammtropfen. Jedes der Mittelpunkt und Höhepunkt nicht bloß der Erde, nein, der Welt." Er lachte bitter.

Frau Barbara, die andächtig zuhörte, nahm das Wort:

„Ja, während sich, unbeachtet von den Fürsten, die neuen Organe und Kräfte entfalteten, die dem Spuk zuletzt ein Ende machten, die Freiheit und Tüchtigkeit der Bürger, spielten sie ahnungslos immer das gleiche Spiel. Ich habe mir einen Vers von Byron gemerkt:

‚Das ist der Weltgeschichte Abgesang,
Stets wiederholt die alte Litanei,
Erst Freiheit, und dann Ruhm, wenn das verklang,
Gold, Laster, Fäulnis, wieder Barbarei,
Und der Geschichte riesige Bücherei
Hat nur ein Blatt' …

„Bei Gott, so war es", rief Henricy. „Yes, 't is but the same rehearsal of the past. Allüberall das gleiche Possenspiel! Erobernde Gewalt schafft den Staat, die Eroberer werden zum

Adel, die unterjochten Bauern und auf höherer Stufe auch die Städter haben zu zinsen, zu fronden und zu bluten. Dann schlagen sich die Prinzen um die Krone, in diesen Kämpfen verkommt der alte Adel, und ein neuer Adel schwingt sich empor, fast sämtlich Unfreie, Hofdiener und Gardisten, vielfach die übelsten Emporkömmlinge. Sie drücken die freien Bauern in Knechtschaft, sperren alles Land, und stürzen ihren Staat in hoffnungslose Anarchie. Die Wildvölker überschwemmen die Länder, bis endlich der mächtigste der Magnaten eine neue Ordnung schafft. So entsteht der absolute, der *zentralisierte* Staat als Retter, der aber dann die letzten Reste der alten gewachsenen Ordnung der Gemeinschaft zerstört."

„Wie war es denn vorher?"

„Man könnte es allenfalls Föderalismus nennen. Selbstverwaltung in Dorf, Gau und Stadt, in Zunft und Gilde. Der Staat kümmert sich nur um die Steuern. Im Übrigen lässt er seine Untertanen leben, wie sie es gewöhnt sind; fast jeder Gau hat sein eigenes Recht, seine alte Sitte und Tradition in Tracht, Hausbau und Geräten, oft genug seine eigene Sprache. Aber der zentralisierte Staat zerschlägt das alles. Er kann eben nur den ‚Untertan' gebrauchen, den normalisierten Menschen, und reguliert alles von oben her, mit einer Bürokratie, die zuletzt das Volk auffrisst, bis die bürgerlichen Revolutionen eine Zeitlang wieder eine neue Ordnung schaffen, indem sie den Menschen befreien. Damit aber war erst halbe Arbeit geleistet."

„Ich weiß, es musste auch noch die Erde befreit werden."

„Ja, das erst war die Vollendung der Revolution. Damit erst war der Klassenstaat überwunden. Aber es blieb noch die Zentralisierung zu beseitigen. Wir erst leben im echten Föderalismus, dem der freien Gemeinden auf freiem Boden, und sind damit der allzu mächtigen, allzu zahlreichen Bürokratie ledig geworden. Erst seitdem ist eine vernünftige Regierung überhaupt möglich geworden."

„Was verstehst du darunter?"

„Nun, sehr einfach, Demokratie unter starker Führerschaft."

„Das galt meiner Zeit als unvereinbar."

„War's aber nicht. Kennst du Hegel? Auf höherem Niveau versöhnen sich die Gegensätze in der Synthese. Wir haben die Synthese von Liberalismus und Sozialismus, die ihr auch für unvereinbar hieltet, auf dem Gebiet der Wirtschaft, und die Synthese von Demokratie und Führerschaft auf dem der Politik verwirklicht."

„Warum ist das früher unmöglich gewesen?"

„Weil eure Staaten zentralisiert waren. Da bedeutete Demokratie notwendigerweise auch den zentralen Parlamentarismus, und der war ein neues Übel. Wer kam hinein? Die *Redner*: Rechtsanwälte und Journalisten, Syndizi der großen Kapitalmagnaten, Priester, Männer mit geläufiger Zunge. Wer aber gehörte hinein? Die *Schaffer*, die Sachverständigen, die Organisatoren, aber die haben nicht Zeit zu vielen Reden, und meistens keine Neigung dazu. Haben Besseres zu tun. Nur im kleinen Kreise ist Demokratie möglich. Sogar Rousseau hat immer nur an Kantone wie sein heimatliches Genf gedacht, aber nicht an Großstaaten oder gar an den Weltstaat. Im kleinen Kreise kennt man sich, und da kommen ohne Weiteres die Schaffer an die Spitze."

„Die Ordner", sagte Fridl stolz.

„Bist du gefragt, du Lausbub?", schalt der Onkel. Aber der Backenstreich, den der Junge bekam, war eine Liebkosung.

„Ja, also: die Ordner. Roseggers Vater war der ärmste Bauer seines Dorfes, aber wurde immer wieder zum Bürgermeister gewählt. Und die russischen Selbstverwaltungskörper, die Zemstwos, wurden viel besser geführt, trotz aller Schikanen der Bürokratie, als die zaristische Staatsmaschine. Kleine Gruppen wissen ganz genau, wo der Schuh sie drückt, und finden den rechten Schuster sehr schnell."

„Geliebter Schuster, bleibe uns noch recht lange bei deinem Leisten. Leiste uns immer weiter."

Henricy drückte dem Professor warm die Hand.

„Eine letzte Frage", sagte Hans. „Wenn es mit der Demokratie im zentralisierten Großstaat unmöglich war: Warum war es nicht möglich, mit Führerschaft vernünftig zu regieren?"

„Nein, Vetter! Das war ebenso unmöglich. Dazu hätte ein Genie gehört, das gleichzeitig Seher, Denker, Wecker und Ordner war. Das gibt es nicht, kann es wohl nicht geben. Die Begabungen schließen sich wohl aus. In seltenen Fällen mag der Seher auch ein Denker oder Wecker sein, aber wohl niemals ist ein Denker auch ein Wecker oder gar ein Ordner. Denken lähmt die Kraft zum schnellen Entschluss. Und gäbe es einmal wirklich einen Menschen von solchem Genie: Wie sollten die Völker ihn herausfinden? Studiere einmal die Idealstaaten der Literatur von Platon bis Nelson, und du wirst sehen, dass sie alle an dieser Frage scheitern. So viel sahen sie ja alle, dass sie nur zu lösen war, wenn der Sozialismus irgendwie verwirklicht war; sie dachten freilich nur an eine kommunistische Ordnung, die Platon, Morus, Campanella und ihre Nachfolger."

„Warum nur im verwirklichten Sozialismus?"

„Weil im Klassenstaat dem Diktator mehr Macht in die Hände gelegt werden musste, als der Mensch ertragen kann. Er musste ein starkes Heer haben, um der äußeren, und eine starke Polizei, um der inneren Feinde Herr zu bleiben. Und alle Macht ist böse, würde sie auch in die Hände des reinsten Idealisten gelegt. Weißt du, was ‚Staatsraison' bedeutete? Dass der Zweck, das Wohl des Staates, jedes Mittel heiligte. Der Staat, durch gesetzlose Gewalt entstanden, konnte nur durch gesetzlose Gewalt erhalten werden, und das Furchtbare war, dass er wirklich mit jedem Mittel erhalten werden musste, weil sonst das volle Chaos hereingebrochen wäre. Wir sprachen vorhin von den ewigen Kämpfen der Prinzen um den Thron, die alle Staaten an den Abgrund führten. Es gab nur ein Mittel, sie zu verhindern: den *Mord*, der denn auch in allen Familien aller Herrscherhäuser aller Völker und Rassen wütete. Die Atriden, die Familie Alexanders des Großen und

134

die Merowinger sind die bekanntesten Beispiele, aber auch Karl der Große ließ die Kinder seines Bruders Karlmann spurlos verschwinden, geradeso wie sein Vater Pippin die Kinder seines Bruders, Karlmanns des Älteren. Es war bittere Notwendigkeit. Im Testament des Sultans Mohammed II. steht geschrieben: ‚Die meisten Gesetzesgelehrten haben es für erlaubt erklärt, dass, wer immer von meinen erlauchten Kindern und Enkeln zur Herrschaft gelangt, zur Sicherheit der Ruhe der Welt seine Brüder hinrichten lasse. Danach mögen sie handeln.‘ Diese eine Tatsache zeigt, was euer Staat war. An ihren Früchten sollt ihr sie erkennen.“

„Aber in unserem bürgerlichen Staat gab es das nicht mehr.“

„Nein, weil er schon ein Bastardgebilde war von Gewalt und Recht, von Freiheit und Unterdrückung. Aber, er hatte noch viel zu viel von dem alten Raubstaat in sich, als dass er auf die Dauer hätte bestehen können: die Bodensperre und die bürokratische Zentralisierung. Mit jener stürzte diese, ohne jeden Kampf, und seitdem leben wir in der Synthese von freier Selbstbestimmung und straffer Führerschaft.“

„Der Führer hat auch Macht!“

„Sehr viel sogar. Aber er kann sie unmöglich missbrauchen. Beim ersten Versuch wäre er gestürzt.“

„Er kann Helfer finden.“

„Wo? Es gibt keine unterdrückte Klasse mehr, aus der ein Gewalthaber sich die Kreaturen holen könnte, die mit ihm stehen und fallen müssen. Weißt du nicht, wer die Menschen waren, auf die gestützt die Fürsten die freien Adelbauern unterwarfen? *Unfreie* waren es und Todfeinde ihrer Unterdrücker, der Freien. Sie konnten nur aufsteigen, wenn die Freien fielen. Was würdest du tun, Fridl, wenn ich dir den Vorschlag machte, du sollest mir mit deinen Freunden helfen, deine Eltern und Geschwister zu Sklaven zu machen?“

„An die Irrenanstalt telefonieren“, lachte der Junge.

„Na, also! Na, denn Prost alle miteinander.“

Volk und Raum

„Die Saale", sagte Klingenberg. Das Regierungsflugzeug führte Götz Berlichingen ins Ostland. Die Baugewerksgenossenschaft Villingen hatte den Zuschlag für ein Teilstück des großen Memel-Düna-Kanals erhalten. Hans Bachmüller begleitete den Verwandten.

„Das war einmal die Grenze zwischen Asien und Europa", sagte Götz nachdenklich.

„Erlaube mal, die lag doch auf dem Ural."

„Ja, so rechneten die Geografen. Aber es war auch geografisch falsch. Die große Ebene reicht von hier bis tief nach Asien hinein, und das hat geschichtlich und soziologisch entschieden. Bis an Elbe, Saale, Fichtelgebirge und Bayernwald konnten die Steppenreiter fast ungehindert streifen. Die Germanen zogen sich hinter die Wälder und Gebirge zurück. Die Slawen kamen nie zur Ruhe und zur Selbstständigkeit. Hinter uns liegt Altdeutschland, das Stammgebiet mit römischem Kultureinfluss, vor uns liegt das Kolonialgebiet, das die Deutschen den Slawen abgewannen, und hinter ihm die slawische Welt, beide durch die mittelalterliche Kultur beeinflusst, nördlich und westlich von Deutschland, östlich und südlich von Byzanz her. Das hat unseres Volkes Schicksal bestimmt."

„Erkläre dich deutlicher."

„Die beiden Teile konnten nie ganz verschmelzen, nie zu wahrer Einheit kommen. Vielleicht hat die verschiedene Rassenmischung mitgewirkt; hier ist der ganze Untergrund slawisch, im Westen romanisch und keltisch. Aber entscheidend war die Bodenteilung und Klassenschichtung. Im Stammlande hielt sich der Bauer auf seiner Scholle in einiger Freiheit, wenn er auch zu Zeiten grauenhaft zu leiden hatte: Im Kolonialgebiet ging er zugrunde. Darum gab es im Stammland ein reiches Städteleben, unzählige Mittelstädte und wohlhabende Kleinstädte: Denn die Stadt lebt vom Tausch mit den Bauern. Im Ostland aber gab es fast nur armselige Städtchen, die sich nicht entwickeln konnten, weil die Kaufkraft des bäuerlichen Marktes fehlte, und ein paar ungefüge Großstädte, wahre Wasserköpfe, hässliche, ungesunde, politisch gefährliche Gebilde, wo die Großgrundbesitzer kauften, die den Bauern enteignet hatten."

„Das musste jeder sehen, der Augen hatte", rief Bachmüller, „wenn er durch Deutschland reiste. Völlig verschiedene Bilder: im Westen fast überall kleine Äckerchen, im Osten große Kornbreiten, im Westen Stadt an Stadt, im Osten fast nur Dörfer, sehr selten eine Stadt."

„Ja, und das war Deutschlands Schicksal. Ihm verdankte es seine unmögliche Grenze, die Wespentaille: von Plauen bis zur holländischen Grenze etwas über vierhundert, von Eydtkuhnen bis Basel über tausenddreihundert Kilometer. Warum? Weil die deutschen Niederlande und Böhmen verlorengingen! Und warum ging Böhmen verloren? Weil nur der Bauer ein Land seinem Sprachtum erobert. Sachsen, die Mark und Pommern hat der deutsche Pflüger gewonnen, aber der Großgrundbesitz nationalisiert nicht: Er *ent*nationalisiert. Der böhmische Adel war zum größten Teile deutschen Blutes, aber wurde tschechisiert, wie in Polen polonisiert. Der Slawe war gefügiger und vor allem billiger; so trieb man den Deutschen aus dem Lande. Ohne die Bodensperre wäre alles Land in Posen und Westpreußen so deutsch gewesen wie die Mark, und der Friede zu Versailles hätte Ostpreußen nicht zur Insel gemacht und Oberschlesien nicht zerstückelt."

„Und Holland? Und die deutsche Schweiz?"

„Mussten sich allein helfen, weil das Deutsche Reich ihnen gegen den Österreicher und den Spanier nicht helfen konnte. Der übermächtige Adel hatte es in Anarchie und tödliche Schwäche gestürzt."

„Allüberall das gleiche Possenspiel", sagte Bachmüller. „Das habe ich von Henricy. Es ist von Byron."

„Ja", sagte Berlichingen. „Mein Vorfahr mit der eisernen Hand war ein tüchtiger Kerl, auf den wir stolz sind. Aber er war auch dabei, der ‚reichsunmittelbare Ritter'. Es ging damals nicht anders: Wer nicht Amboss sein wollte, musste Hammer sein. Aber die Rolle, die der Adel in aller Geschichte spielt, ist nicht gerade sehr rühmlich. Deshalb führt kaum einer von uns noch den alten Titel. Wir wollen nichts sein als Bürger unter Bürgern. Am Kapitalismus waren wir auch schuldig."

„Na, aber."

„Doch, hilft uns alles nichts. Sieh, der ganze Osten bis nach Sibirien hinein war sehr menschenleer. Der Groß-grundbesitz beschäftigte, berechnet auf die Fläche, nur etwa ein Drittel der Menschen, die im Bauernbezirk, und besser, leben konnten. Ackerbau braucht eben weniger Hände als Viehzucht. Und die Städte kamen nicht empor, weil die Landarbeiter nur sehr geringe Kaufkraft hatten. So war hier Raum ohne Volk, im Stammlande aber vielfach Volk ohne Raum. Im Osten Bodensperre, im Westen Bodenenge! Vom Osten strömte der ganze Nachwuchs ab, und der war un-geheuer groß; hat doch der Proletarier seinen Namen von seinem Kinderreichtum. So leer das Land auch war, bis herab zu vier Seelen auf den Quadratkilometer, so gab es doch für sie keinen Platz. Aus der Bodenenge im Westen strömten sie auch noch in großen Massen ab, wenn auch viel weniger stark: Hier war das Land für die damalige Technik und Ab-satzmöglichkeit übervoll. Wo aber strömten sie hin? Zum kleineren Teile nach Übersee, wo sie mehr Land unter den Pflug nahmen, als Europa vertragen konnte. Ihre Ernten warfen die Kornpreise in die Tiefe und brachten den euro-päischen Großgrundbesitz an den Rand des Bankrotts. Die meisten aber zogen in die Städte und boten sich den Ge-werbetreibenden für jeden Hungerlohn an. Da wurzelt der Kapitalismus, da allein. Ohne die Bodensperre keine Mas-senwanderung, ohne die Massenwanderung kein Tiefstand der Löhne, das heißt der Kaufkraft, und keine Überzüchtung der Industrie, und das heißt der Erzeugung. Darauf allein beruht die ungeheure Gleichgewichtsstörung, die den Kapitalismus kennzeichnet: Je mehr hergestellt wurde, umso weniger konnte man verkaufen. Und je tiefer der Lohn sank, umso mehr schwoll das Arbeiterheer."

„Ich weiß: Frauen und Kinder."

„Gewiss. Kinder bis herab zu vier Jahren, zwölf, vierzehn Stunden an der Maschine! Zum Werkzeug der nordfranzösischen Spinnereiarbeiter gehörte Anfang des neunzehnten Jahrhunderts der Ochsenziemer, mit dem sie die armseligen kleinen Würmchen wachprügeln mussten, wenn sie bei der Arbeit einschliefen. Wahrhaftig, der reine Kannibalismus! Das wurde allmählich etwas besser, vor allem da, wo der Staat gesunde Soldaten brauchte, denn bei dem System verkümmerten die besten Rassen: Es war ein preußischer General, der zuerst dagegen einschritt. Und es wurde vor allem dadurch besser, dass das Land sich ausgeblutet hatte. Zuerst war es, als wenn ein Staudamm geborsten wäre, als Hunderttausende verhungernder Kulis die damals noch kleine Industrie überfluteten. Aber der Strom floss doch weiter und trieb die Mehrwertmühlen der Kapitalisten."

„Und das hat damals niemand erkannt?"

„Nein, fast ist es ein Wunder zu nennen. Die britischen Volkswirte hatten wie hypnotisiert immer nur auf die Städte gestarrt, aufs platte Land fiel kein Blick. Und ihre Nachfolger – knabberten immer nur an den abgenagten Knochen, die die britischen Klassiker hinterlassen hatten. Und waren blind wie die jungen Hunde."

Sie hatten die Elbe überflogen. Soweit das Auge reichte, war die Ebene mit Siedlungen, kleinen und großen, bedeckt, zwischen denen das Dunkelgrün der Wälder, das gelbliche Grün der Kartoffelfelder und das matte Gold der Stoppeläcker lag.

„Berlin", sagte Klingenberg.

„Berlin? Wir haben doch erst vor fünf Minuten die Elbe unter uns gehabt."

„Ja, Berlin hat sich sozusagen verdünnt. Es reicht ungefähr vom Harz bis zur Oder, von der sächsischen Grenze bis an die Ostsee. Eine Citysonne mit vielen Planetenstädten und unzähligen Mondsiedlungen. An der Sprec wohnen nicht mehr viele von den fünf Millionen. Der alte Kern steht noch, aber die wüsten Vorstädte sind verschwunden wie überall. Die Fabriken sind hinausverlegt, die Menschen sind gefolgt und haben sich, dank dem Auto, über die ganze riesenhafte Ebene ausgebreitet. Berlin ist heute eine eigene Provinz mit vielen Gauen und unzähligen Gemeinden."

„Aber ich sehe doch noch viele sehr große Feldstücke. Gibt's denn noch viel Großbesitz hier?"

„Nur ein paar Mustergüter der öffentlichen Hand. Aber Groß*betriebe* gibt's noch viele. Das da unten sind alles bäuerliche Produktivgenossenschaften. Wo das Land eben ist, ist es praktischer, den Feldbau im Großen mit starken Maschinen zu betreiben. Die Viehzucht ist zumeist Sache der Genossen, die alle ihre eigenen kleinen und mittleren Betriebe haben, alle eigen Haus und Hof. Die Feldarbeit machen sie gemeinschaftlich und teilen den Ertrag nach genossenschaftlichem Prinzip, das heißt nach der Leistung, genau wie die Genossen der Fabrikbetriebe."

„Also doch keine selbstständigen Bauern!"

„Im Gegenteil: Bauern in jedem guten Sinne! Sie sitzen unerschütterlich auf ererbter Scholle, sie entscheiden mit in ihren Genossenschaften und sind in ihrem Eigenbetriebe völlig unabhängig. Du, das sind alles sogar Großbauern in euerem Sinne. Sie haben durchschnittlich ihre acht ausgezeichneten Rassenkühe im Stall, dazu das entsprechende Jungvieh und sehr viele Schweine und Geflügel. Die Feldarbeit ist sozusagen nur noch ein Nebenbetrieb, der die wenigsten Arbeitsstunden kostet. Fast nur Maschinenarbeit. Der Schwerpunkt der Wirtschaft liegt im Stall."

„Wie groß sind denn diese Eigenbetriebe?"

„Der Genossenschaftsbauern? Zwei bis fünf Hektar etwa, nach dem Boden."

„Und darauf halten sie so viel Vieh? Wo kommt denn das Futter her?"

„Was sie nicht selbst bauen im Großbetrieb und im eigenen Felde, das kaufen sie natürlich. Mais, Weizen, Futtergerste und Baumwollsaatmehl kommen billig von Übersee."

„Aber wo bleiben sie mit all der Milch, dem Fleisch, den Eiern und Hühnern? Zu meiner Zeit wollte man nicht recht an die Bauernsiedlung heran, weil es schon zu viele gab. Sie konnten ihre Erzeugnisse nicht los werden."

„Kunststück", lachte Götz, „weil niemand sie kaufen konnte. Wir sind heute achtzig Millionen im Bundesstaat Deutschland."

„So viele?"

„Ja, unsere Frauen kriegen wieder Kinder, und wir können sie wieder ernähren. Seit 1975, wo wir auf 50 Millionen herunter waren, steigen wir wieder erfreulich. Wir verbrauchen tagtäglich fast einen Liter allein an Frischmilch je Kopf für Trink- und Kochzwecke. Soviel verbrauchten die Luzerner und New Yorker fast schon vor hundert Jahren. Dafür sind allein acht Millionen Kühe mit einem Durchschnittsertrag von zehn Litern erforderlich. Wir essen Butter statt Margarine, und nicht zu knapp. Rechne nur fünfzig Gramm je Kopf, das ist sehr mäßig für Aufstrich und Kochfett, macht vier Millionen Kilo. Zu einem Kilo Butter braucht man zweiunddreißig bis sechsunddreißig Liter Milch, also den Ertrag von drei Kühen, macht wieder vierzehn Millionen Kühe. Zweiundzwanzig Millionen Kühe, das ergibt fast drei Millionen Großbauern. Den Verbrauch an Eiern, Fleisch, Geflügel, Obst und so weiter kannst du dir allein ausrechnen. Es flutscht, wenn der Multiplikator achtzig Millionen ist. Im Deutschland deiner Zeit kam noch nicht einmal ein viertel Liter Frischmilch auf den Kopf der Städter, und schon

Margarine war vielen unerschwinglich. Kapiert? Außerdem gibt es zahllose Gärtner aller Art, Hühnerfarmer, Weinbauern und so weiter. Trotzdem heute fast jeder seinen eigenen Garten hat, beträgt dennoch die Zahl der selbstständigen Erwerbenden in Landwirtschaft, Gartenbau und Viehzucht einschließlich Forstwirtschaft und Fischerei stark über 40 % der Gesamtheit."

„Aber der Kornbau lohnt sich nicht mehr?"

„Das ist zuviel gesagt. Auf unseren guten Böden können wir noch bequem mit dem Weizen und der Braugerste von Übersee konkurrieren. Die drüben haben nicht mehr so billige Löhne wie einst, und sie können ihre Böden entfernt nicht so stark düngen wie wir. Die Transportkosten kommen dazu. Aber auf den geringeren Böden baut man Brotkorn nur noch reichlich für den Eigenbedarf der Familie, sonst nur Futterkorn und Hackfrucht für den Viehstand, Hafer übrigens nur noch sehr wenig, seit der Traktor das Pferd verdrängt hat. Aber wir brauchen auch viel weniger Brotkorn und Kartoffeln als früher."

„Erkläre."

„Sehr einfach. Wer reichlich Milch, Butter, Obst, Eier und Fleisch hat, braucht weniger Brot und viel weniger Kartoffeln. Und Schnaps wird nicht mehr viel gebrannt."

„Gibt es denn noch ganz selbstständige Bauern?"

„Aber massenhaft! Überall, wo das Gelände den Großbetrieb nicht begünstigt, also zum Beispiel im Hügellande, sind selbstständige Bauern angesetzt worden. Und die Altbauern, die es vor der Erlösung gegeben hat, sind fast alle bestehen geblieben und haben sich durch Teilung der vielfach allzu großen Höfe stark vermehrt, seit es keine Arbeiter mehr zu mieten gibt. Sie sind natürlich auch genossenschaftlich organisiert, aber nur für Teilzwecke, wie schon immer: für Molkerei, Fabrikation von Rübenzucker, Stärke und so weiter, neuerdings auch immer mehr in Werkgenossenschaften für die Ausnützung von Maschinen aller Art, nicht mehr bloß für die Dreschmaschine. Nur in seltenen Fällen haben sie ihr Ackerland zusammengelegt und bestellen es gemeinschaftlich wie die Produktivgenossenschaften. Das geschah, wo es den Nachbarn in der Genossenschaft auffällig besser ging als den Einzelbauern: weniger Arbeit und mehr Verdienst. Aber die Viehwirtschaft haben sie alle für sich behalten. Darin ist der Bauer nicht zu schlagen."

„Wie steht sich denn nun solch ein Einzelbauer wirtschaftlich?"

„Das ist klar: Er kann bei gleicher Arbeitsanspannung auf die Dauer nicht weniger verdienen als ein städtischer Arbeiter oder Handwerker gleicher Qualifikation. Die freie Konkurrenz verhindert das. Wenn es den Städtern mal merklich besser geht, wandert der ländliche Nachwuchs zahlreicher ab, wenn umgekehrt, bleibt er auf dem Lande. Wir betrachten das Einkommen des selbstständigen Bauern geradezu als die Norm, nach der sich alle anderen richten. Und es ist hoch. Schulden hat er nicht, außer vielleicht für kurze Zeit eine kleine Erbhypothek, und du weißt, wie tief der Zins steht. Stadt und Land sind so innig miteinander verflochten, dass fast jeder Bauer den Konsumenten, und zwar von hoher Kaufkraft, vor der Tür hat. Der Zwischenhandel ist infolgedessen fast verschwunden, außer natürlich für die großen Weltstapelprodukte. Der Bauer erhält den vollen Wert seiner hochwertigen Erzeugnisse. Und wenn er mal etwas mehr haben möchte, so hat er immer die Möglichkeit, in der landwirtschaftlich stillen Zeit irgendeine gewerbliche Arbeit in der nächsten Nachbarschaft aufzunehmen. Soweit die Kinder nicht in seiner Wirtschaft tätig sind, sind sie alle irgendwie draußen lohnend beschäftigt."

„Gilt das nun auch für den Nordosten? Der war doch fast ohne Städte und ohne Industrie."

„Schau hinunter. Wir sind schon an der Oder. Hier war der Großgrundbesitz gewaltig stark, und jetzt: Siedlung neben Siedlung. Natürlich nicht ganz so dicht wie am Rhein und

Neckar, aber doch sehr dicht. Der deutsche Osten ist jetzt so reich an Gewerben, wie vor hundert Jahren unser Schwaben!"

„Hat man Industrien her verpflanzt?"

„Auch, selbstverständlich! Aber das hat nur mitgeholfen. Die Hauptsache tat das gesunde Wachstum von innen her. Wer Bauern schafft, schafft Städte! Wo der Bauer Kaufkraft hat, springen die Gewerbe aus dem Boden. Selbstverständlich: Er muss doch seine Überschüsse gegen gewerbliche Waren und Dienste eintauschen. Und er hat heute durchschnittlich einen Bedarf, wie ihn früher noch nicht einmal der Großbauer in der Marsch hatte. Wirst ja selbst sehen: geräumige Häuser, bequeme Möbel, Zeitungen und Bücher, gute Kleider für Mann, Weib und Kinder, jeder sein Auto, Radio und Grammophon, ein Hauskino und oft genug ein Piano, Maschinen aller Art für Feld, Stall und Haus, da blühen die Städte empor. Famose Schulen überall mit guten Lehrern, Bauernhochschulen in jeder Landschaft, fast in jedem Gau, Zahnärzte und Ärzte, Tierärzte und wissenschaftliche Züchter für Rat und Kontrolle: Das sind alles weitere Konsumenten. Und so treibt ein Keil den anderen. Du, Klingenberg, ein bissel langsamer, sonst kommen wir noch zu weit. Hier herum muss Lubenice liegen."

„Ich steuere nach der Karte. In einigen Minuten landen wir."

„Mein Vetter Debbin wird sich freuen, und du auch. Wirst einen prachtvollen Menschen kennenlernen, einen Landwirt von echtem Schrot und Korn."

Ein langgestrecktes Herrenhaus im Park an einem schönen See, daneben der Wirtschaftshof, der Schornstein der Brennerei: ein typisches ostelbisches Gut. Klingenberg stellte den Motor ab, ging in weiten Schleifen im Gleitflug nieder, und landete auf dem Stoppelacker neben dem Hofe. Das Pferd eines Reiters, der sich im Galopp genähert hatte, versuchte, erschreckt durch den Riesenvogel, auszubrechen. Aber er brachte es schnell zur Ruhe und rief fröhlich, während er ein paar Galoppvolten ritt: Tag, Götz. Tag, Hans Bachmüller, Tag, Klingenberg. Herzlich willkommen auf Lubenice. Der Kaffee wartet und Frau Maria auch."

Der neue Adel

Sie saßen auf der Terrasse gegenüber dem See. Die hohen Kastanien und Linden zeigten kaum die ersten Farben des Herbstes.

„Na, also, alter Maulwurf, wie geht's?"

„Danke der Nachfrage, alter Klutenpedder. Hast du noch immer die größten Kartoffeln im Gau?"

„Du, mit dem fang nicht an", lachte Frau Maria. „Der ist noch gröber als du."

„Die Sprache des Landmanns ist rauh, aber gerecht."

„Wie war die Ernte?"

„Gut mittel. Aber die Preise …"

„Et sterbt nischt aus", sagte Hans vergnügt.

„Also ihr klagt noch immer?"

„Gehört zum Handwerk! Roggen fünfzehn, Braugerste einundzwanzig, Weizen neunzehn Zentner durchschnittlich je Morgen. Zuckerrüben stehen ganz ordentlich. Kartoffeln so so. Wenn das Wetter hält, werden sie an hundert Zentner geben. Wir haben nur Mittelboden. Das Vieh war unberufen gesund. Apropos, was macht dein Kleinvieh, Götz?"

„Gesund und frech. Carmen pflegt es und lässt Luise kaum noch ran. Schreckliche Eifersucht zwischen den Weibern."

„Ach ja, überhaupt die Weiber!", seufzte Debbin, und tätschelte dabei zärtlich seiner blonden Frau die Schulter.

Sie lachte. Er zog ein grimmiges Gesicht: „Lache nicht, Bauerntrutschel, Mesalliance, scher dich in die Küche! Und wenn die Rebhühner nicht knusprig sind …"

„… stecken mich der hochgeborene Herr Baron in den Hungerturm zu Kröten und Schlangen", sagte sie im Abgehen. „Weiß schon! Tyrann, Kambyses, Blaubart!"

„Immer noch in den Flitterwochen, Stas?", fragte Götz. „Euer Ältester ist doch schon auf der Schule, und immer noch die alten Witze? Du musst nämlich wissen, Hans, Marie ist wirklich eine Bauerntochter hier aus dem Dorfe."

„Donnerwetter, sieht aus wie Thusnelda in Person."

„Ja, mein Jungchen, gute Rasse! Seit sie wieder genug zu essen und nicht mehr so unmenschlich zu schuften haben, hat sich unser Landvolk mächtig herausgemacht. Wir Züchter wissen ja: ‚Die halbe Rasse geht's durchs Maul.' Gerade soviel Arbeit, wie der Mensch braucht, um gesund und froh zu sein, Sonne und Landluft, kräftiger Sport, keine Sorgen und ein reines Gewissen, das gibt schon eine gute Rasse, wenn nur der Grundstock danach ist. Und der war unverdorben. Marias Großvater war bei meinem Ahn noch Landarbeiter, Hofvogt, ein kleiner, magerer, aber zäher Mann, mein Vater hat ihn noch gut gekannt; mein Schwiegervater hat schon seine hundertachtzig Zentimeter, und meine Schwäger hätte Friedrich Wilhelm bestimmt in sein erstes Garde-Grenadierregiment gepresst. Und doch ist es eine Mesalliance."

„Faule Witze!"

„Blutiger Ernst! Nur nicht für mich: Für sie! Wir sind doch alle Mischlinge, ‚Bastarde des Rassenchaos', sagte der Chamberlain. Was steckt in dem Adel aller Welt alles drin! Hast du mal was von Reb Veitel Ephraim gehört?"

„Dem Münzjuden Friedrichs II.?"

„Einer meiner Ahnen, mein Sohn! Er hat eine Stiftung hinterlassen, viel Geld für Studien und Aussteuer seiner Nachkommen. Aber nur Israeliten dürfen daraus bedacht werden, es sei denn, die anderen verzeihen ihnen ausdrücklich die Taufe. Seitdem findet von Zeit zu Zeit der Familientag der Ephraimiten statt. Seit hundertfünfzig Jahren ist kein Einziger von den Hunderten mehr Jude. Aber die Verzeihungszeremonie findet feierlich statt. Du würdest dich schön wundern, wer da alles dabei ist, die besten Namen aus allen Ländern, italienische Principes, französische Vicomtes, englische Earls, deutsche Grafen, Freiherrn und Barone. Ich habe außerdem spanisches, italienisches und über meine polnischen Vorfahren – ich heiße nicht umsonst Stanislaus – auch tatarisches Blut. Mein Nachbar Stitzing auf Seelöw hat eine vollblütige Javanerin zur Ahnin; sie hatte riesige Teeplantagen. So war's seit vielen Jahrhunderten. Die Malterer in Freiburg, die Wurmser in Straßburg, die Bonifatius in Trier waren nur Bürger – aber die reichsten Bürger ihrer Zeit, und wurden die Ahnen aller Fürstenhäuser. Geld hat die Welt regiert, und wir stammen doch schließlich alle von Unfreien ab. Mein Urgroßvater erlebte seinen Tag von Damaskus, als er das im Kolleg erfuhr. Er ging zu seinem Professor, und als der es ihm bewies, fing er an zu weinen, so erschüttert war er. Von da an sah er seine Landarbeiter mit ganz anderen Augen an. Der erste Debbin war wirklich ein Dienstmann, ein Ministeriale des Klosters Heiligengrabe, Marschalk. Mar bedeutet das Pferd, Schalk den Sklaven. Er war wahrscheinlich ein germanisierter Wende. Die Bauern aber, auch die Slawen, waren ursprünglich alle edelfrei. Noch im zwölften Jahrhundert jagte der deutsche Bauer den Junker vom Hofe, wenn er um seine Tochter warb: Es war eine Mesalliance, und der Bauer blieb rassenrein, wenn nicht einmal ein Junker oder ein fremder Landsknecht oder Räuber dazwischen funkte. Ich habe immer Angst, bei meinen Gören könnte es mal mendeln, und ein richtiger Tatar oder Araber – von Spanien her – zum Vorschein kommen. Mein Nachbar auf Seelow hat eine Tochter, übrigens eine bildhübsche Hexe, die recta via von Batavia importiert sein könnte. Die Urahne schlägt durch."

„Na, den Debbins ist diese Mixtur ja leidlich bekommen."

„Das tröstet mich auch. Waren doch alles ganz ordentliche Leute, vielleicht ein bisschen gescheiter als die meisten. Ob da der Ephraim selig nachwirkt?"

„Bismarck hat daran geglaubt."

„Weiß schon! ‚Arischer Hengst und semitische Stute', hat er gesagt. Schließlich kreuzen wir Züchter ja auch gern, und oft mit Vorteil."

„Na, also, dann verzweifle nicht. Was macht deine Schwester Erika?"

„Hat sich vorgestern mit meinem jüngsten Schwager verlobt, dem Tierarzt. Die ganze Bande wird euch heute abend hier beprosten. Sind alle mächtig scharf auf den vorsintflutlichen Jubelgreis. Woll'n wir mal ein bissel durch die Wirtschaft bummeln? Erst mal die Ställe."

Sie betraten den Kuhstall. „Herdbuchvieh", sagte Debbin stolz. „Keine unter zwölf Litern täglich. Fünfzig Kühe, zwei Bullen, an sechzig Färsen und Kälber. Gehören der Genossenschaft. der ‚Zentrale', sagen wir. Die Genossen, jetzt fünfzig an der Zahl, haben durchschnittlich acht Kühe und ebensoviel Jungvieh, 'ne Masse Schweine und unzähliges Geflügel. Die Zentrale hat auch eine große Schweinerei, zu Zeiten über tausend Stück, groß und klein, über hundert Muttersauen. Dann halten wir noch eine kleine Schafherde für die Stoppelweide. Junge, Junge, das gibt Dünger. Wir können fast die ganze Fläche jährlich abdüngen. Kunstdünger brauchen wir nur noch wenig."

Sie hatten den Schafstall, dessen Insassen fast sämtlich auf der Weide waren, abgesehen von einigen Wöchnerinnen und ihren Lämmern, und die der Seuchengefahr halber weislich auf mehrere Gebäude verteilten Schweineställe durchschritten und standen jetzt im Schweinegarten, wo mit seligem Gequieke zahllose Ferkel aller Größen herumgaloppierten. Ihre Mamas lagen genießerisch auf der Seite und hielten die prall gefüllten Zitzen ihrem Nachwuchs zur Verfügung. Am Ausgang hielt ein Jagdwagen, Debbin bestieg den Bock, nahm dem jungen Arbeiter die Zügel aus der Hand und rief: „Einsteigen, ihr Herren, jetzt beginnt der übliche Vortrag. Danach erbitte ich ein kleines Douceur oder Trinkgeld." Er schnalzte mit der Peitsche, die Pferde zogen an.

„Es gibt also noch Pferde", sagte Hans.

„Das eine Paar, und drei Paar Arbeitspferde; das Handpferd reite ich. Ich bin ja hier Inspektor. Erlaufen kann ich's nicht, und auf den Feldwegen ist das Auto nicht praktisch. Die Kinder haben noch ihr Pony für den kleinen Wagen. Mein Fritzku reitet es auch. Es schmeißt ihn dauernd runter, aber der Bengel hat Knochen aus Elfenbein. Wir reiten hier fast alle. Die Genossen haben beinah sämtlich ein gutes Pferd zum Fahren und Reiten. Sie reiten und schießen wie die Teufel. Überall gibt's Reitervereine, und bei den Sprung- und Jagdkonkurrenzen der Gaue und Provinzen ist was los, das kannst du mir glauben. Aber im Acker werden Pferde nur noch wenig gebraucht, zum Rücken und vor der Hackma-schine. Na also, soll ich jetzt meinen Vortrag abschnurren?"

„Los!"

„Also: Als mein Urgroßvater damals den großen Schreck bekam, schlug ihm das Gewissen. Das ist immer schlimm. Und da fing er an zu studieren, und das ist noch schlimmer. Er las alle möglichen Schmöker, und sein Gewissen biss ihn immer mehr. Es ist doch auch wirklich nicht sehr rühmlich, wie der Adel gerade hier den Bauern allmählich unter das Knie und um Freiheit und Eigentum brachte. Mein Ahn wollte gut machen, soviel er konnte. Studierte Bodenreform und Stuart Mill: Verstaatlichung von Grund und Boden, weißt du, und Tolstoi, und was sonst noch, und kam zuletzt auf Johann Heinrich von Thünen und seinen Versuch der Gewinnbeteiligung auf Tellow und auf den etwas späteren Versuch von Vandeleur in Rahaline in Irland. Das war so um 1940 herum, kurz vor der Geschichte mit Gabriel Heine-mann. Na, er machte das nach. Die einen Nachbarn erklärten ihn für einen Bolschewisten, die anderen für einen Verrück-ten; er wurde zu keinem Skat und keiner Treibjagd mehr eingeladen, Boykott auf der ganzen Linie. Aber er hatte den echten Debbinschen Dickschädel, dachte sich was Unanstän-diges und hielt durch. Mit Einzelheiten will ich dich verscho-nen, kannst alles gedruckt haben. Na, es ging ganz ordentlich. Die Zeiten waren damals nicht schlecht, der Bonus, der Ge-winnanteil, war durchschnittlich im Verhältnis zu den damaligen Löhnen sehr anständig, und der olle Debbin hatte seinen Vorteil und seine Freude daran, denn die Leute arbeiteten viel williger und besser und schonten das Inventar. Die Reinerträge stiegen noch mehr als die Roherträge. Stunk mit den Leuten gab's nicht mehr. Nur Friede, Friede, holde Eintracht. Da wagte er den zweiten Schritt. Er gab den Arbeitern, die es wünschten, eigenes Land, und half ihnen mit Darlehen zu einem eigenen Hof. Die Idee war, dass sie ihren Haupterwerb nach wie vor auf dem Gute haben und ihre kleinen Stellen als Nebenbetriebe in ihren Freizeiten bearbeiten sollten. So wie damals die Heuerlinge in Westfalen. Das ging noch besser, das Dorf wurde wohlhabend, die Fortwanderung hörte auf.

Inzwischen war der Bund Deutschland-Frankreich zustande gekommen. Da Frankreich wenig Korn ausführen konnte, berührte das die Lage des Großbesitzes im Osten noch wenig. Als sich aber bald darauf die Tschechoslowakei, Ungarn und Jugoslavien und noch später Polen anschlossen, und auch an diesen Grenzen die Kornzölle immer mehr herabgesetzt wurden, mussten die meisten Besitzer sich dazu verstehen, an den Bund zu verkaufen.

Mein Ahn verkaufte an die Genossenschaft seiner früheren Arbeiter: Markgenossenschaft, nannte er sie. Sie wählten ihn einstimmig zum Oberverwalter auf Lebenszeit, überließen ihm Schloss, Park und See mit fünfzig Morgen Land und die Jagd, und setzten ihm das Dreifache der Arbeitsdividende der erwachsenen Männer als Gehalt fest. So hatte sich für ihn äußerlich gar nichts geändert, er lebte wie früher und tat die gleiche Arbeit wie früher: Bloß Sorgen hatte er nicht mehr, Ärger hatte er viel weniger, und war von Freunden statt von Sklaven umgeben. Er ist als ein glücklicher Mann gestorben. Ich zeige dir nachher das Denkmal auf unserem Kirchhof mit der Inschrift: Ihrem Vater die dankbare Gemeinde Lubenice.

Na, Großvater, Vater und ich sind dann selbstverständlich seine Nachfolger geworden, soviel sich auch inzwischen geändert hat. Das Dorf ist mächtig gewachsen, weil die meisten

Kinder dablieben. Von dreitausend Morgen Ackerland sind jetzt fast achtzehnhundert an die Genossen zu eigenem Besitz aufgeteilt. Die meisten haben ihr Gütchen durch Zukauf zu selbstständigen Stellen erweitert und arbeiten nicht mehr in der Zentrale mit, nur, dass das junge Volk in der Erntezeit mal mithilft, wenn es not tut. Zwanzig Genossen arbeiten noch in der Zentrale. 'Ne Masse von Handwerkern hat sich angesiedelt, nicht nur Schmied und Zimmermann, sondern auch Schuster, Schneider, Maurer, Bäcker, Müller, ein Barbier. Wir haben einen Arzt, eine Hebamme – und die hat zu tun, sage ich dir –, der Konsumverein hat drei verheiratete Beamte, dann gibt's noch eine Gemeindeschwester, einen evangelischen und einen katholischen Pfarrer, bald hätte ich die Kindergärtnerin und den Schankwirt vergessen. Lauter Konsumenten am Ort. Das Dorf hat weit über vierhundert Einwohner."

„Da wirst du bald überflüssig sein."

„Du meinst, das Gut wird zu klein? Fehlgeschossen. Die Markgenossenschaft hat nach und nach in der nächsten Nachbarschaft sechs weitere Güter mit zusammen sechzehntausend Morgen vom Bunde angekauft, die ich als Oberster mitverwalte. Sonst säßen wir hier schon so dick wie Fliegen auf dem Käse. Alles in allem zählt die Markgenossenschaft jetzt an dreihundertzwanzig Höfe und mit den Nichtlandwirten mehr als viertausend Seelen. Drüben auf Arnswalde, das so ziemlich in der Mitte und am Kanal liegt, haben wir unsere gewerblichen Betriebe, Stärke- und Zuckerfabrik, Kartoffelflocken- und Makkaronifabrik, Maschinenreparaturwerkstatt, Molkerei, Marmelade- und Konservenfabrik und so weiter. Achtzig Seelen auf den Quadratkilometer; als der olle Debbin anfing, waren es keine zwanzig. Lubenice hatte damals zweiundzwanzig Arbeiterfamilien mit etwa hundertdreißig Köpfen, aber hatte immer an dreißig, vierzig polnische Schnitter. Das hat aufgehört."

„Steht es überall so gut hierzulande?"

„Na, wir hatten ja unseren Vorsprung. Und weiter östlich, in Polen und namentlich in Russland war das Land zumeist ja viel dünner besiedelt, vor allem seit die Sowjets den Bauern fast ausgerottet hatten. Aber wir haben gute Schule gemacht. Ungefähr wie bei uns hat man es überall geordnet. Was hätte auch zum Beispiel Deutschland anders tun sollen, als die Zölle fielen, und der Großbesitz mit seinem überwiegenden Kornbau weithin unhaltbar wurde und vom Bund übernommen werden musste? Nur Einzelbauern ansetzen? Soviele Feldmesser gab's nicht. Und vor allem: Soviele Anwärter gab's nicht. Sie mussten doch ein bisschen Geld an der Hand haben, und das hatte der Tagelöhner fast nie. Außerdem trauten sich viele von ihnen gar nicht heran. Selbstständigkeit und Selbstverantwortung müssen erst gelernt werden. Sollte man die Hunderttausende von Landarbeitern wieder in die Städte treiben? Das sollte doch gerade vermieden werden. Da blieb einfach nichts anderes als die Anteilswirtschaft mit allmählicher Aussiedlung auf Eigenbesitz. Auf diese Weise behielten auch die alten, kostbaren Gebäude ihren vollen Wert, und an Land wurde auch mächtig gespart. Denke mal: Alle die vielen Grenzraine und Zuwege zu jedem einzelnen Ackerstück."

„Und was ist aus den Besitzern geworden?"

„Soweit sie tüchtige Landwirte waren, sind sie geblieben wie wir Debbins. Ist manchem verteufelt sauer geworden, auf das Herrentum zu verzichten. Aber schon die Söhne waren ganz bei der Sache, Kinder der neuen Zeit. Führer der freien Bauernschaft zu sein, das ist unser Stolz und unser Glück. Haben wir Deutschland in all den Schlamassel hineingeritten, wir haben redlich geholfen, es wieder herauszupauken. Na, wie gefällt dir unser Jungvieh? Und da die Luzerne? Reif zum vierten Schnitt. Und da die Futterrüben? Geben gut und gern ihre fünfhundert Zentner der Morgen."

Auf einem ungeheuren Weidenplan weideten Hunderte von Färsen und Kälbern; einige kämpften spielend miteinander, andere drängten sich im Schatten der hohen Linden, die

die Wiese umkränzten, andere tranken an dem klaren Bach, der sie durchfloss. Die Sonne sank, von den Äckern kehrten die Traktoren und Gespanne heim. Freundlich grüßten die sonnenbraunen Lenker. Debbin ließ sie scharfen Blickes vorbei passieren.

„Der Schecke hinkt ja, Stepka."

„Ein Eisen verloren."

„Bringst ihn gleich zum Schmied."

„Zu Befehl, Genosse Verwalter."

„Im Betrieb: militärische Disziplin! Das ist eines unserer alten Grundgesetze, Hans, außerhalb des Betriebes sind wir alle gleich. Du, Führerschaft ist wirklich besser als Herrschaft."

Er wendete um und fuhr im schlanken Trabe zurück. Nicht weit vom Hoftor trafen sie auf die Familie, die ihnen entgegenkam, der siebenjährige Fritz hoch zu Ross auf dem recht ungebärdigen Pony, das vergebens versuchte, eine Miniaturausgabe von kicking Mustang, seinen lachenden kleinen Reiter abzuwerfen. Hinter ihm schritten Erika, die dreijährige Katja auf dem Arm, und ihr Bräutigam. Sie war hochgewachsen, aber neben dem riesigen Mann an ihrer Seite erschien sie klein.

Das kleine Mädchen strampelte ungeduldig. „Buschi, Buschi." Die Tante reichte es dem strahlenden Vater in den Wagen. „Nimm du die Zügel, Hans, die kleine Kröte lässt mich ja nicht in Ruhe." Zufrieden nestelte sich das braune Köpfchen an seine Schulter. „Ja, du wunderst dich; die Kinder sprechen gerade so gut polnisch wie deutsch. Katjas Wahltante war eine Czartoryska aus der Lubliner Gegend. Jetzt ist sie Frau Debbin, sie hat meinen Vetter geangelt, drüben im Nachbargau auf Alt-Debbin."

Frau Maria entging mit Glanz dem Hungerturm. Die Rebhühner in ihren appetitlichen Speckhemdchen waren knusprig und der Mosel gut gekühlt. Die Tafelrunde war groß: Maria's Eltern und ihre Schwägerinnen waren dabei. Nach dem

Abendessen saß man noch auf der Veranda zusammen unter den Sternen, die sich im See spiegelten. Die Männer rauchten ihre Pfeife, das Gespräch ging über alle Höhen und Tiefen. Hans Bachmüller kam aus dem Erstaunen nicht heraus.

„Mensch", flüsterte er Stas zu, „dein Schwiegervater, das ist ja fabelhaft. Ist das der deutsche Bauer von heute?"

„Na, weißt du, er steht ein ganzes Stück über dem Durchschnitt. Manierlich und gebildet sind sie ja alle, dafür sorgen die Bauernhochschulen und die Wanderjahre. Aber Bur Schulthess, – das ist doch eine Klasse für sich. Ein Sinnierer, ein Mystiker, Meister Eckhart oder Tauler in neuer Ausgabe. Sein bester Freund ist der große Philosoph Waxwell in Oxford, mit dem er dauernd korrespondiert. Und du müsstest mal dabei sein, wenn er sich mit unseren beiden Seelenhirten, dem Pfarrer und dem Kuraten, über die höchsten Dinge unterhält. Da sprühen Funken, und am lustigsten ist es, wenn unser Doktor dabei ist. Der spielt sich als Freidenker auf – um die anderen zu reizen. Ja, Bur Schulthess hat die ganze Philosophie intus. Das Haus ist voller Schmöker. Mir graust davor. Aber seine Wirtschaft: Hut ab. Ein lateinischer Bauer ist er doch nicht."

„Wie vertragen sich denn die beiden theologischen Fakultäten?"

„Ausgezeichnet! Natürlich möchte jeder den anderen bekehren. Aber das tut der Freundschaft keinen Abbruch. Die feindliche Konkurrenz hat auch hier aufgehört, seit wir alle wirklich Christen sein können und dürfen. Allzuviel Sünden haben sie nicht mehr zu vergeben, und bei der Krankenseelsorge und dergleichen vertreten sie sich sogar oft. Sind ja auch beide Bauernsöhne aus der Markgenossenschaft und alte Schulkameraden."

Aus dem Park klang es leise. Instrumente wurden gestimmt.

„Eine kleine Überraschung", sagte Maria. „Der Kantor hat sich's nicht nehmen lassen, dich zu begrüßen, Hans. Der Musikverein Lubenice bittet um geneigtes Gehör."

Ein Vorspiel von Geige, Bratsche, Cello und Flöte. Dann erklang es vierstimmig, prächtig schwebten der helle Sopran und der klingende Alt der Kinderstimmen über den tieferen Stimmen der Erwachsenen:

‚Des Sonntags in der Morgenstund.' Dann folgten zwei der Brahmsschen Donaulieder, und dann in polnischer Sprache zwei der schönsten Lieder Chopins: ‚Könnt ich als Sonne hoch am Himmel schweben', und ‚Schön war der Morgen und hell schien die Sonne'.

Während des Gesangs hatte sich der Park mit festtäglich gekleideten Menschen gefüllt, und auf dem See glitten die Barken dahin, beleuchtet von chinesischen Papierlaternen. Fast die ganze Markgenossenschaft war erschienen. Vor dem Parktore hielten die Kraftwagen zu Dutzenden. Als der Gesang zu Ende war, brach tosender Beifall aus.

„Noch eins, noch eins", bettelte es von allen Seiten.

Kantor Wernicke hob den Taktstock. Und nach den ersten Worten stimmte die ganze mehrhundertköpfige Menge schallend ein. Stanislaus Debbin wandte sich mit leuchtenden Augen zu Hans: „Urgroßvaters Siedlerchor. Ich wollte, er könnte uns sehen und hören!"

> Wir wollen nicht Herr sein und nicht Knecht,
> > Wir wollen leben nach eigenem Recht.
> Wir fordern für uns der Freiheit Pfand,
> > Gottes Erbe am deutschen Land.
> Wir pflügen, wir graben, ein heiliger Bund,
> > Die deutsche Freiheit aus dem Grund.

> Wir wollen nicht arm sein und nicht reich.
> > Brüder sind wir, und Brüder sind gleich.
> Wir gönnen jedem der Freiheit Pfand,
> > Gottes Erbe am deutschen Land.
> Wir pflügen, wir graben, ein heiliger Bund,
> > Die deutsche Bruderschaft aus dem Grund.

Ein Feld, nicht größer als unsere Kraft,
Ohne Knechte die Arbeit schafft.
Ein Haus, ein Bett, eine Wiege, ein Pflug,
Spaten und Hacke sind Reichtums genug.
Wir pflügen, wir graben, ein heiliger Bund,
Die deutsche Heimat aus dem Grund.

Wir gieren nicht nach fremdem Gut,
Wir wahren das unsre mit festem Mut,
Wir lohnen ehrlich redlichen Fleiss,
Wir fordern und geben gerechten Preis.
Wir pflügen, wir graben, ein heiliger Bund,
Den Wucher für immer in den Grund.

Mit Waffen dräut es von Ost und West,
In den Städten wütet der Zwietracht Pest,
Die Welt, sie ward zum Teufelsspott:
Wir wissen und wandern den Weg zu Gott,
Wir pflügen, wir graben, ein heiliger Bund,
Den Frieden der Welt aus dem deutschen Grund.

„Das Fünklein"

Bur Schulthess hatte seinen Gast auf einen niedrigen Hügel geführt, der von hohen Buchen umstanden war. Er gewährte einen schönen Blick über den Strom und die helle Weite der Ebene bis an die blauen Wälder in der Ferne. Die Glocken gingen übers Land – es war Sonntag.

„Nein, Vater Schulthess", rief Bachmüller. „Es genügt mir nicht. Ich sehe ja alles ein. Gewiss: Ihr habt die Monopole abgeschafft; gewiss: seitdem besteht der Wettbewerb zwischen Gleichen; gewiss: seitdem kann der Eigennutz des einen dem anderen nicht mehr schaden. Der Mechanismus ist vollkommen – aber es ist und bleibt doch ein Mechanismus. Und das kann es nicht sein. Diese Harmonie muss tiefer wurzeln."

„Du bist auf dem rechten Wege. Nein, diese Harmonie wurzelt nicht im Eigennutz, sondern in seinem Gegenteil!"

„Im Altruismus?"

„Altruismus! Ein blasses Wort! Ein nichtssagendes Wort! Eine reine Negation! Das fotografische Negativ von Egoismus. Darum allein konnten gewisse Leute auf die plumpe Idee kommen, er sei nur verfeinerter Egoismus. Nein, was ich meine, ist etwas sehr Positives, sehr Mächtiges, das auf die Dauer mächtiger ist als alle Selbstsucht. Die Mystiker nannten es den ‚Seelengrund' oder das ‚Fünklein'."

Leise und feierlich sagte Bachmüller: „Es ist ein Etwas in der Seele, aus dem entspringt Erkenntnis und Liebe."

Schulthess sah ihn prüfend an: „Du hast Meister Eckhart gelesen? Hast du ihn auch verstanden?"

„Verstanden? Kaum. Aber erfühlt, hoffe ich."

„Du stehst auf der Schwelle, Bruder. Du hast den Durchbruch erlebt?"

„In seltenen Momenten. Als ich die mystische Einheit mit der geliebten Frau erlebte, die mir das Schicksal nahm; und sehr stark im August 1914, als über alle Völker der selige

Rausch kam der Opferbereitschaft, des überwältigenden Bewusstseins: Tod, wo ist dein Stachel?"

„Das kam aus dem Seelengrunde! Wenn das Blatt sein Blattsein vergisst und sich als Baum und sogar als Wald empfindet; wenn der Tropfen sich als Ozean erfühlt, dann erlischt das Ich im Wir, die Selbstsucht in Gott. Das ist der tiefste Inhalt aller Religion und Philosophie. Platon, Spinoza, Schopenhauer, sie meinen alle das Gleiche. Das im strengen Sinne Nichtseiende verliert sich selig im eigentlichen Sein, in der Idee; der Modus sinkt zurück in die Substanz, die Gott ist; der ewig hungrige Wille zum Leben entrinnt seiner Not in die ewige Ruhe des Nirwana."

„Sprich weiter!

Die tiefen Augen unter der hohen Stirn schauten blicklos ins Weite. Die Falten um den Mund wurden schärfer. Bur Schulthess schwieg lange. Dann seufzte er:

„Kaum kann man davon sprechen. Es ist der zarteste Schmetterling; berühre ihn mit der sanftesten Hand, und der Schmelz der Farben ist dahin. Es ist das Leben selbst in seinem letzten Geheimnis: Du tötest es, wenn du es enthüllst. Mystik kann nur stammeln, kann kaum in dichterischen Bildern andeuten, was sie erlebt."

„Führe mich über die Schwelle, Bruder."

„Weiter kann dich niemand führen, – nur zur ersten Anschauung. *Erleben* muss das Letzte in seiner Seele Einsamkeit, wem Gott die Tiefe gab, in der er versinken mag. Ich will's versuchen. Du ließest soeben Meister Eckhart sprechen, ich bringe den Satz zu Ende: ‚Es ist ein Etwas in der Seele, aus dem entspringt Erkenntnis und Liebe. Das erkennt selber nicht, noch liebt es, es hat nicht Vor oder Nach und wartet nicht auf ein Hinzukommendes. Es ist ewig dasselbe, das nur sich selber lebt – wie Gott.' Du magst das dunkle Wort so deuten: Des Menschen Seele besitzt die *Fähigkeit* zur Erkenntnis und zur Liebe; sie braucht auf nichts zu warten, was hinzukommt, auf keinerlei Erfahrung. *Vor* aller Erfahrung hat der Mensch die Fähigkeit, die Wahrheit zu erkennen und Gut und Böse zu unterscheiden. Das ist ihm eingeboren, wie dem Säugling der Trieb, der nach der Mutter Brust sucht, die er nicht kennen kann. Die Erkenntnis braucht er, um sich in der Welt, die Liebe, um sich in der Gemeinschaft zu bewähren. Die Erkenntnis dient dem Ich und seiner Lebensnot; sie ist ichsüchtig, hungrig, will das Erreichbare an sich raffen. Die Liebe dient dem Wir; sie ist reich und will verschenken, will sich aus der Fülle, im Überschwang der Kraft, verschwenden."

„Science et conscience", sagte Hans.

„Wer hat das gesagt?"

„Proudhon."

„Herrlich! Ja, Wissen und Gewissen! Das sind die beiden Punkte in der Ebene, durch die dem Menschen seines Lebens Linie bestimmt ist. Das Wissen sagt ihm, wie er handeln *muss*, um nicht zu Schaden zu kommen. Das Gewissen sagt ihm, wie er handeln *soll*, auf jede Gefahr hin. Das ist der Kategorische Imperativ: Das Gewissen hat den Vorrang vor aller Klugheit. Aber das Wissen aus Liebe, nennen wir es die Vernunft, ist auch weiser als das Wissen aus Erkenntnis, der bloße Verstand."

„Erkläre!"

„Der Verstand kann irren und irrt überoft: Die Vernunft irrt nie. Sie zeigt unverkennbar und unverrückbar jedem geistig Gesunden seine Pflicht."

„Das mag für deine Zeit Wahrheit sein: Für die meine klingt es mir wie böser Hohn."

„Es gilt für jede Zeit, auch für die deine. Ich sagte, die Vernunft *zeigt* jedermann seine Pflicht. Jedermann *vernimmt* das Wort. Ich sagte nicht: Die Vernunft *zwingt* jedermann zur Erfüllung seiner Pflicht. Die Stimme des Gewissens kann von der Begier überschrieen, die Vernunft kann vom blinden Triebe überrannt werden: Aber sie spricht deutlich zu jedermann. Alle Bücher der Geschichte sind voll von Gewalttat, aber immer hat die Gewalt versucht, sich vor sich selbst zu *recht*fertigen. Immer hat der Wolf das Lamm beschuldigt, ihm das Wasser zu trüben. Immer wirft das Unrecht den Mantel des Rechts um; es betrügt das Gewissen."

„Lass mich dir ein wundervolles Wort von Richard Dehmel sagen: ,Jede Fratze zeugt für den Gott, den sie entstellt.'"

„Ja, und das ist der Beweis dafür, dass das Wort gehört wird. Wer Gewalt üben will, muss Grund zu Hass haben oder sich einbilden, sonst erträgt er sich nicht. Klassenhass, Massenhass, Rassenhass, Völkerhass müssen immer den Scheingrund liefern für das Unrecht, das die Begierde begehen will."

„Als der Weltkrieg ausbrach, waren wir Deutschen plötzlich Hunnen und Barbaren, Kinderschlächter und Frauenschänder."

„Siehst du, so war es immer und überall. Wo eine Gruppe der anderen Gewalt antat, da erschien diese entweder als verabscheuungswürdig, sei es als Götzendiener oder als Ketzer, als Friedensstörer oder Frevler an der Sittlichkeit; oder sie erschien als minderwertige Rasse, die von der Natur oder von Gott dazu bestimmt war, der besseren Rasse zu dienen oder Platz zu machen. So rechtfertigte sogar ein Aristoteles die Sklaverei. ,Sklaven von Natur' waren ihm alle Barbaren, auch die der weißen Rasse, auch die Germanen, und geradeso rechtfertigten die Südstaatler die Negersklaverei. Nicht heuchlerisch, als bloßen Vorwand, nein: im vollen guten Glauben an ihr göttliches Recht."

„Gerade wie die Bürger ihr Verfahren mit den Arbeitern, und die Sowjets das ihre mit den Bürgern. Aber, was hilft uns das, wenn das Gewissen zwar spricht, aber nicht befolgt wird?"

„Das Wort verhallt niemals gänzlich. Überall fordert der unbeteiligte Dritte, dass die streitenden Parteien ihm folgen. Immer fällt sein Gewicht in die Waagschale der Entscheidung. Und: War es auch nur gering, die Menschheit verdankt ihm doch ihren langsamen Fortschritt, die Aufhebung der Sklaverei, der Hörigkeit, des feudalen Unrechts und zuletzt – die Erlösung."

„Damit sind wir wieder bei unserem Thema."

„Gewiss! Die Triebkraft war nicht der Eigennutz. Der atomisiert die Gesellschaft, und – noch so viele einzelne Wassertropfen brechen keinen Damm. Das vermag nur die vereinigte Woge. Wenn die Menschen nicht aus ihrem Seelengrunde heraus gewusst hätten, dass eure Gesellschaft auf Unrecht gegründet war, niemals hätten sie den Damm der Vorurteile zerbrechen können. Nur weil es *Unrecht* war, erlahmte der Widerstand der Begünstigten; nur weil es Unrecht war, spannte sich in den Unterschichten die Kraft der Empörung, bis die Fessel zerbrach. Wenn sie es nur für ein *Unglück* gehalten hätten, für die Folge eines Naturgesetzes …"

„Wie Malthus es haben wollte."

„Ja. das war teuflisch klug. Dann hätten die Begünstigten das böse Gewissen nicht gegen sich, und die Massen das gute Gewissen nicht für sich gehabt. Dann hätten sie sich ergeben in ihr Schicksal gefügt, wie in ein Erdbeben oder eine Sturmflut. So aber erkannten sie, *nachträglich*, dass diese Ordnung auch sinnwidrig war. Wissen und Gewissen kamen auf einen Punkt. Und wie immer, ging die Vernunft voraus, und der Verstand folgte nach; sie erschaut – und er beweist."

„Ist das die Regel?"

„Für das, um was es hier geht, für alles Gemeinschaftsleben, unbedingt. Sieh, schon das Tier in der Herde *weiß*, aus der Liebe heraus, dass alle anderen Tiere der Herde mit ihm einen einzigen Körper bilden, und der Mensch weiß es umso mehr, schon auf der tiefsten Stufe, der Stufe der altsteinzeitlichen Jäger, der Primitiven. Dann kündet Jesus die Gotteskindschaft aller Menschen ohne Unterschied der Farbe und Rasse, und vor ihm hat Buddha schon zu aller Kreatur überhaupt ‚Bruder' gesagt. ‚Das bist du selbst', tat twam asi. Aber es hat zwei Jahrtausende gedauert, ehe die Wissenschaft es mit der Entwicklungslehre bestätigte."

„Wie das?"

„Indem sie zeigte, dass alles Leben, Pflanze, Tier und Mensch, aus einer einzigen Wurzel stammt. Dass es, streng genommen, überhaupt nur ein einziges Allleben gibt. Dass das Individuum nicht existiert. Jeder von uns war einmal ein Leibesorgan seiner Mutter, war mit ihr zusammen ein einziges Individuum im landläufigen Sinne: Kann der Schlag der Schere, der die Nabelschnur zerschneidet, aus einem Individuum, einem ‚Unteilbaren' zwei machen? Unsere Mütter waren ebenso einmal Organe ihrer Mütter, und so kommst du zurück bis zu der Mutter, die nicht mehr ganz Äffin und noch nicht ganz Menschin war, und weiter zurück bis zur ersten Zelle, die weder Pflanze noch Tier war. Aus der Einheit von Mutter und Kind stammt die Familie, stammt die Gemeinschaft, stammt die ‚Liebe' und alle Gerechtigkeit und Sittlichkeit, stammt alles Recht und alle Pflicht. Und das war die Kraft, die unsere Harmonie erschuf, – nicht aber der Eigennutz."

„Ich verstehe – und dennoch! Wie konnte es so viele Jahrtausende dauern, bis die Liebe sich durchsetzte? Wie war so lange so schweres Unrecht möglich?"

„Das ist einfach zu erklären. Die Liebe des Menschen erstreckt sich ursprünglich nur auf die Genossen der eigenen Gruppe. Sie sind seine Brüder, mit ihnen ist er eins. Daher erkennt er ihnen die Gleichheit der Würde und des Rechtes zu, empfindet er ihnen gegenüber die Verbindlichkeit der Pflicht. Aber der Nichtgenosse hat kein Recht, ihm gegenüber gibt es kein Unrecht und keine Pflicht. So ward der Mensch gleich Parzival unschuldig-schuldig. Aber – man mag, wenn man will, den Plan Gottes darin erkennen – die Gewalt, die der Mensch dem Menschen antat, schmiedete aus den zuerst getrennten kleinen immer größere vereinte Gruppen; der Kreis der Genossen erweiterte sich mehr und mehr, die Rechte hatten und denen man Pflichten schuldete, bis endlich die großen Seher die Einheit allen Menschentums, ja allen Lebens überhaupt erfühlten, aus ihrer ‚Liebe‘ heraus, und die ‚Erkenntnis‘ es bestätigte.“

„Aber dann? Seit anderthalb Jahrtausenden ruht unsere Kultur auf dem Christentum. Wie konnten Christen …?“

„Gerade das Christentum als gefestigte Religion bildete lange ein schweres Hindernis. Der mittelalterliche Katholizismus war der religiöse Überbau des Feudalismus, an dessen Privilegien die Kirche namentlich als Großgrundbesitzerin teilnahm. Sie war selbst Mitinhaberin des grundlegenden Monopols, musste also die Ungleichheit als gottgewollte Ordnung auffassen. Nun ist aber klar, dass der unbeschränkte Wettbewerb zwischen Ungleichen zur Anarchie und zum Chaos führt. Daher die Lehre von der *Erbsünde*, der verderblichen Selbstsucht; daher die Aufgabe der Kirche, sie als Mittler zwischen Gott und Mensch im Zaum zu halten. Hierin wurzelt die ganze katholische Lehre von der Wirtschaft: Zinsverbot und so weiter.“

„Was brachte den Umschwung?“

„Der Rationalismus der Neuzeit, vor allem die Entdeckung, dass der wirtschaftliche Eigennutz auch gute Folgen haben kann, ja, dass er in seinen Grenzen überhaupt nicht sündig ist. Von hier aus entwickelte sich allmählich die richtige Erkenntnis, die Hegel zuletzt als die ‚List der Idee‘ bezeichnete. Sie liegt aber bereits den leitenden Gedanken Rousseaus, von dem sie zu Kant kam, und der großer Theoretiker der Volkswirtschaft, namentlich des Adam Smith, zugrunde. Gott, oder, wie man damals sagte, die Idee, bedient sich des Eigennutzes als des Werkzeuges, mit dem die Harmonie erreicht wird, weil sich die widerstreitenden Interessen sämtlich ins Gleichgewicht einstellen müssen. Aller Optimismus, die ganze hinreißende Zukunftsgläubigkeit der klassischen Philosophie, beruht einzig und allein auf dieser Überzeugung. Als sie verloren ging, trat die Verzweiflung des Pessimismus an ihre Stelle: Schopenhauer, Eduard von Hartmann, und kam der ganze Spuk der Romantik wieder zur Herrschaft, deren Ideale nicht vorwärts, über den geschichtlichen Gewaltstaat hinaus, sondern rückwärts, in ihn hinein, weisen. Hier wurzelt die ganze Steuerlosigkeit, das ganze moralische Elend eurer Zeit. Weil sie an Gott verzweifelte, verschrieb sie sich dem Teufel: Gewalt ist Recht, ja geradezu Pflicht, im Dienste der Wirtschaft, des Staates, der Nation, der Rasse. Die prachtvolle Bestie entscheidet, aus ihrem unfehlbaren Instinkt, was wahr, gut und schön ist. Gut ist, was ihr nützt, wahr, was ihr schmeichelt, schön, was ihr gleicht. Erkenntnis und Liebe werden verfehmt, die Moral ist nichts als ‚Sklavenaufstand‘, der Geist verächtlicher Intellektualismus, er spielt geradezu die Rolle des Teufels in dieser wirren Welt der Teufelsanbeter."

„Aber die Lehre war doch wahr! Die List der Idee erwirkt doch wirklich die Harmonie. Wie konnte die Überzeugung schwinden, nachdem sie einmal gewonnen war?"

„Die Lehre war unvollständig und daher unvollkommen. Nur aus dem Wettbewerb der Gleichen ergibt sich die Harmonie. Die großen Köpfe des achtzehnten Jahrhunderts wussten noch nicht, was Gleichheit bedeutet."

„Sie wussten noch nichts vom Monopol?"

„Doch! Sie sahen sehr wohl, dass alle vom Klassenstaat geschaffenen Rechtsmonopole, alle Privilegien die Bewegung zum Gleichgewicht störten, und forderten ihre Beseitigung, um die ‚positive‘ zur ‚natürlichen Ordnung‘ zu gestalten. Aber sie erkannten nicht, dass im *Eigentum* viel gefährlichere Monopole wurzelten, vor allem im großen Grundeigentum. Sie glaubten, die Gleichheit des bürgerlichen Rechts allein genüge, und befreiten den Menschen. Aber sie sahen noch nicht, dass auch die Erde befreit werden musste Und so wurde der Wettbewerb, den sie entfesselten, den sie für gleich hielten, ein Wettlauf zwischen Reitern auf schnellen Rossen und schwerbelasteten, ja oft mit Fesseln beschwerten Läufern."

„Nun verstehe ich alles. Das wahrlich ist das rechte Bild des Kapitalismus. Jetzt aber laufen alle wie ehrliche Sportleute mit gleicher Last vom gleichen Start zum gleichen Ziele."

„Und die List der Idee setzt sich durch. Der Eigennutz als Motor des Gesamtnutzens! Und damit hat die Menschheit die schwerste ihrer Krisen überwunden, die Verwirrung ihrer Seele. Sie kann nicht gedeihen ohne den Glauben an die göttliche Ordnung. Den hat sie wieder gewonnen, und fester als je, unerschütterlich für alle Zeiten. Denn jetzt zum erstenmal wird der Glaube durch die Wissenschaft bestätigt. Was die Liebe, der Gott in uns, fordert, hat die Erkenntnis als die höchste praktische Weisheit erkannt. *Wissen und Gewissen sind endlich einig geworden*. Und können nie wieder auseinander weichen."

„Wenn Gott ist, wozu der lange schmerzliche Umweg?"

„War es ein Umweg? Ohne die Gewalt wären aus den vereinzelten Horden niemals die Völker, aus ihnen niemals die Menschheit geworden. Ohne die Gewalt hätten die Menschen niemals die Arbeit erlernt; ohne die Arbeitsteilung in den größeren Kreisen hätten sie nie den Reichtum geschaffen, der ihnen die Freiheit gibt, hätten sie niemals Wissenschaft und Kunst geschaffen. Du magst die Weltgeschichte seit der Gründung der Gewaltstaaten als die Pubertätskrise der Menschheit auffassen; neue Kräfte und Säfte regten sich, störten den Leib und beunruhigten die Seele. Jetzt ist die Menschheit endlich erwachsen und kann sich ihren großen Aufgaben widmen: zuerst der, die Elementarkräfte mehr und mehr zu bändigen, und vor allem die stärkste und gefährlichste von ihnen, die ungeheure Kraft, die sich im Prozess der Vergesellschaftung selbst bildet. Sie hat mehr Opfer gekostet, als alle Erdbeben und Sturmfluten. Vor allem aber: das ‚Fünklein' zur hellen Flamme anzufachen, die durch Erkenntnis erleuchtet und durch Liebe erwärmt, den Staat Gottes und des Rechtes auszubauen und immer herrlicher zu schmücken, den Menschen das Glück zu bringen der wahren Bildung, die das Vorzugswürdige erkennt, will und tut. Wir haben nicht mehr mühselig für unseren Leib zu sorgen: Wir sorgen nur noch für Seele und Geist, die endlich, und für immer einig sind. Bist du befriedigt?"

„Ja. Der Mechanismus des Wettbewerbs der Gleichen zwingt uns nicht von außen her wie tote Dinge, wie Schneeflocken, die der Wind zur Ebene ordnet, sondern wir folgen ihm aus innerer Freiheit, weil wir das Recht des Mitmenschen so freudig anerkennen wie das eigene. Nicht Knechte sind wir der Materie, sondern ihre freien Herren."

„Das ist der tiefe Sinn, Bruder. Und sieh, du bist aus der Zeit in die Zeit gereist. Heute aber haben wir beide die Reise in das Zeitlose gemacht. Dazu braucht es keiner Zeitmaschine, sondern nur der Flügel des Geistes und der Kraft der Liebe."

Claudia Willms
Eine etwas andere Utopie

Übrigens: Was ist Utopie? Alle Wirklichkeit ist die Utopie von
gestern. Vor hundertfünfzig Jahren glaubte niemand, dass der
Mensch je würde fliegen können. Und so ist alle Utopie nur die
Wirklichkeit von morgen.

Aus: *Sprung über ein Jahrhundert*

„Der Mensch im allgemeinen will nicht denken, sondern schauen..."

Der Soziologe und Nationalökonom Franz Oppenheimer
(1864–1943) war bei der Niederschrift seines utopischen
Romans *Sprung über ein Jahrhundert* bereits aus dem akti-
ven Berufsleben ausgeschieden. Ab 1886 hatte er als Arzt in
einem Armenviertel in Berlin praktiziert, bevor er sich, beeinflusst von den Ideen und der Gesellschaftskritik der Berliner Bohème, schreibend der sozialen Frage widmete.[1] Er
wurde somit in verschiedenen Zeitungen deutschlandweit
als sozialkritischer Autor bekannt und wechselte schließlich
seinen Beruf (und wurde u. a. Chefredakteur der *Welt am*
Montag). Angetrieben von den miserablen Zuständen in den
Berliner Mietskasernen (deren Auswirkungen er als Arzt
hautnah kennengelernt hatte), von den Fragen der sozialen

---

[1] Die Autobiografie von Franz Oppenheimer wurde im Jahr 1964 auf
Betreiben des damaligen Bundeskanzlers Ludwig Erhard, der ein Schüler Oppenheimers war, neu veröffentlicht. Sie ist ein guter Beweis für
das schriftstellerische Talent Oppenheimers und seine scharfe politische und soziologische Beobachtungsgabe. Zudem lassen sich hier
die Stationen seines Lebens und sein vielseitiges Engagement in politischen, kulturellen und sozialen Bereichen bestens nachvollziehen.
Vgl. Franz Oppenheimer: Erlebtes, Erstrebtes, Erreichtes. Lebenserinnerungen, Düsseldorf 1964.

Ungleichheit (die ihn als deutschen Juden ständig begleiteten) und durch ein gesellschaftskritisches und sozialistisch geprägtes Umfeld angespornt (der Ethische Kreis, die Freiländer, die Friedrichshagener Kolonie), promovierte und habilitierte er sich zusätzlich im Fach Nationalökonomie. Nebenbei gründete er seine ersten Siedlungsgenossenschaften in Deutschland (beispielsweise half er bei der Statuten-Ausarbeitung der Obstbaugenossenschaft Eden 1893, war Gründer der Siedlungsgenossenschaft Wenigen-Lupitz bei Eisenach 1905; es folgten im Jahr 1920 Bärenklau bei Oranienburg und schließlich Lüdersdorf 1928), eine Tätigkeit, die er auch im Rahmen der zionistischen Bewegung in Palästina (Merchawia 1910) weiterführte. Als erfolgreicher Privatdozent lehrte er an der Berliner Friedrich-Wilhelms-Universität, bis er schließlich, nach seinem Engagement während des Ersten Weltkriegs im Komitee für den Osten (ein Hilfskomitee für die Rechte der jüdischen Minderheit in Ostmitteleuropa), im Jahr 1919 – als jüdischer Sozialwissenschaftler entgegen aller statistischen Wahrscheinlichkeit[2] – als ordentlicher Professor für Soziologie und Theoretische Nationalökonomie im Rahmen einer Stiftungsprofessur[3] nach Frankfurt am Main berufen wurde.[4]

[2]   Vgl. Peter Pulzer: Rechtliche Gleichstellung und öffentliches Leben, in: Michael A. Meyer/Michael Brenner (Hg.): Deutsch-jüdische Geschichte in der Neuzeit, Bd. III, München 1997, S. 151–192.

[3]   Klaus Lichtblau/Patrick Taube: Franz Oppenheimer und der erste Lehrstuhl für Soziologie an der Universität Frankfurt, in: Felicia Herrschaft/Klaus Lichtblau (Hg.): Soziologie in Frankfurt. Eine Zwischenbilanz, Wiesbaden 2010, S. 55–70.

[4]   Im Jahr 2018 wird mein Buch *Franz Oppenheimer (1864–1943): Liberaler Sozialist, Zionist, Utopist* erscheinen, in welchem sich die an der Biografie Franz Oppenheimers interessierten Leser sowohl über die biografischen Details und Aktivitäten Oppenheimers als auch über seine Auseinandersetzung mit Fragen seiner deutsch-jüdischen Identität informieren können.

Seit seiner Emeritierung im Jahr 1929 lebte Oppenheimer mit seiner Tochter Renata[5] in der von ihm gegründeten Siedlungsgenossenschaft in Lüdersdorf bei Wriezen in Brandenburg und verfasste dort unter anderem seine Autobiografie.[6] Anschließend wäre ihm wohl die langgehegte Idee des Verfassens eines Zukunftsromans nicht wieder in den Sinn gekommen,[7] wenn nicht die Situation in Deutschland sich so sehr zugespitzt hätte, dass er sich erneut zum Handeln gezwungen sah. Er musste dabei sein gewohntes Repertoire erweitern und neue Wege beschreiten. Denn die Situation Anfang der 1930er-Jahre in Deutschland verlangte nach einer populären Form der politischen Intervention. Außerdem standen seit 1933 zwei seiner Werke auf der Schwarzen Liste der Nationalsozialisten und waren somit von der Bücherverbrennung betroffen – ein Umstand, der Oppenheimers Entscheidung für das Verfassen eines Romans unter Pseudonym hinreichend erklärt.

Oppenheimer hatte mit seiner wissenschaftlichen Arbeit, seinen unzähligen Artikeln und Aufsätzen in Zeitungen und Zeitschriften, seiner internationalen Vortragstätigkeit, seinem Buch *Der Staat*, seiner Schrift *Die Judenstatistik des preußischen Kriegsministeriums* sowie seinem zionistischen und siedlungsgenossenschaftlichen Engagement schon erstaunlich viele

5 Oppenheimers zweite Frau, Mathilda Hanna Oppenheimer (geborene Holl), die Mutter von Renata, war bereits 1921 verstorben.

6 Franz Oppenheimer: Erlebtes, Erstrebtes, Erreichtes. Lebenserinnerungen, Düsseldorf 1964.

7 Die Idee hatte er zum ersten Mal im Briefwechsel mit Theodor Herzl im Jahr 1902 geäußert. Nachdem Herzl ihm das Manuskript seines Werks *Altneuland* zugesandt hatte, antwortete Oppenheimer: „Das Romankapitel hat mich umso mehr interessiert, als ich selbst einmal in einer desperaten Stunde vergessen habe, dass ich zum Poeten verdorben bin, und eine Siedlungs-Utopie entwarf, die jedoch nicht weit gediehen ist" (zitiert nach Alex Bein: Briefwechsel zwischen Theodor Herzl und Franz Oppenheimer, in: *Bulletin des Leo Baeck Instituts*, Jg. 7 (1964), H. 25, S. 21).

Menschen erreicht und seine Ideen wurden viel diskutiert und kritisiert. Aber noch immer war er weit davon entfernt, dass sich eine praktische Genossenschaftsbewegung entwickelt hätte, die dazu fähig gewesen wäre, den Wandel zu vollbringen, den er sich in ökonomischer und sozialpolitischer Hinsicht gewünscht hatte. Rosa Luxemburg hatte 1916 von der Alternative „Sozialismus oder Barbarei" gesprochen und Oppenheimer wähnte Europa seit dem Jahr 1931 ebenfalls vor dem „grauenhaften Schlußkampf zwischen dem Kapitalismus [...] und dem Sozialismus"[8]. Entweder die Menschheit würde sich nun endlich auf die friedliche und solidarische Ökonomie der Siedlung besinnen und sich aus sich heraus erneuern oder sie liefe Gefahr, sich selbst zu vernichten.[9]

Es war folglich, in Oppenheimers Worten, „nicht mehr erlaubt, zu schweigen"[10]. Da er sich als Intellektueller dazu verpflichtet fühlte, der Weltgemeinschaft trotz allem den „fernen Lichtschimmer"[11] aufzuzeigen, setzte er sich, knapp siebzigjährig, an seinen Schreibtisch im schönen Gutshaus zu Lüdersdorf, um — nun doch noch — seine eigene gleichnishafte Utopie zu verfassen: „Der Mensch im allgemeinen will nicht denken, sondern schauen, will nicht überzeugt, sondern überredet sein", so hatte er bereits 1921 seine Intention in Worte gefasst.[12] Für das Verständnis seines neuen Werkes bräuchten die Menschen dementsprechend keine akademi-

---

8 Franz Oppenheimer: Zur Weltlage der Juden im 20. Jahrhundert, in: *Jahrbuch für jüdische Geschichte und Literatur*, Jg. 29 (1931), H. 1, S. 29–55.

9 Nach Oppenheimer sei es nicht das erste Mal in der Geschichte der Menschheit, dass eine gesamte Zivilisation, Bevölkerung und Wirtschaft untergehe, wie er an den Beispielen „Mesopotamien", „Sizilien" und Nordafrika verdeutlicht (ebd., S. 48).

10 Franz Oppenheimer: Weder so — noch so. Der dritte Weg, in: Ders.: Gesammelte Schriften, Bd. II, Berlin 1996, S. 114.

11 Oppenheimer: Zur Weltlage der Juden im 20. Jahrhundert, S. 50.

12 Brief von Franz Oppenheimer an Ewald Gerhard Seeliger vom 17. Juni 1921, in: Central Zionist Archives, A 161, Ordner 74.

sche Bildung oder gar eine Zeitmaschine, nein, der „Flügel des Geistes" und die „Kraft der Liebe" würden hierfür vollkommen ausreichen.

Die Tradition der Utopie

Mit seinem Roman *Sprung über ein Jahrhundert* verhielt sich Oppenheimer jedoch im gewissen Sinne unzeitgemäß, da sich die äußeren Bedingungen spätestens seit dem Ersten Weltkrieg insoweit gewandelt hatten, als dass die liberal-demokratische Avantgarde allerorten vor Gesellschaftskonzepten mit Absolutheitsansprüchen warnte. Wie konnte Oppenheimer also trotz dieser veränderten Bedingungen eine sozialistische Utopie verfassen? Erstens waren in seinen Augen die Verhältnisse in der Sowjetunion, die immerhin nicht nur von Kommunisten, sondern auch von linken „bürgerlichen" Intellektuellen als Realisierung der Utopie eines „neuen Menschen" betrachtet wurden, nicht auf seine Vorstellung einer Gesellschaft der Freien und Gleichen übertragbar. Immerhin fußte seine Idee der Genossenschaft ja gerade nicht auf totalitären Vorstellungen, sondern war durch ihre Prinzipien der kleinen Einheit und der freien Gefolgschaft ein ausgesprochen staats- und herrschaftskritisches Instrument. Und zweitens hätte er seine Geschichtsphilosophie, die untrennbar mit seinem *System der Soziologie* verknüpft war, vollständig revidieren müssen, wenn er seine Fortschrittsgläubigkeit und seine eschatologische Hoffnung aufgegeben hätte.[13] Oppen-

---

13 Dies war wohl eher die Erfahrung der Generation, die in ihrer Jugend den Ersten Weltkrieg als einschneidendes Moment erlebt hatte. Ludwig Feuchtwanger bringt diesen Generationsbruch treffend zum Ausdruck: „Franz Oppenheimer ist eine ragende prächtige Gestalt des 19. Jahrhunderts, mit der ganzen Fortschrittsgläubigkeit, dem himmelstürmenden, ahnungslosen Optimismus dieses viel gelästerten Saeculums, mit der in seinen besten Vertretern sichtbaren, uns so wohltuenden noblen Liberalität, unproblematischen Frische und Tapferkeit, die nicht immer ohne eine uns unbegreiflich gewordene (fälschlich

heimer beanspruchte außerdem für seine Theorie eine höhere Form der Gültigkeit, sodass in seinen Augen die Siedlungsgenossenschaft auch über die jeweiligen politischen Herrschafts- und Machtverhältnisse hinweg der Heilsbringer der Menschheit bleiben würde – denn die Siedlung agiert und reformiert auf Basis der Ökonomie.

Wie hatte sich das Genre der Utopie aber eigentlich entwickelt? Den Begriff erstmals verwendet hatte Thomas Morus in seinem Werk *Utopia* (1516), wo er sich in einer doppelten Bedeutung findet: sowohl als Nicht-Ort (*ou-tópos*) als auch als guter Ort (*eu-topia*).[14] Die Utopie als philosophisch-anthropologische Denktradition lässt sich aber schon viel früher in der Geschichte verorten. Der Politikwissenschaftler Thomas Schölderle stellt seiner *Geschichte der Utopie* somit folgende, sehr allgemein gehaltene Definition voran: „Als Utopien gelten fortan rationale Fiktionen menschlicher Gemeinwesen, die in kritischer Absicht den herrschenden Missständen gegenüber gestellt sind."[15] Wir haben es demzufolge bei Utopien stets mit Gedankenexperimenten zu tun, die eine sozialkritische Funktion haben und in erster Linie einen kritischen Gegenentwurf zur jeweils zeitgenössischen Wirklichkeit der Autoren darstellen. Es sei darüber hinaus aber möglich, so schreibt der Soziologe Émile Durkheim, dass kritische Gegenentwürfe symbolische Bilder hervorbringen, die wiederum eine Selbstwirksamkeit entfalten und es somit vermögen, sogar über die begrenzte historische Wirklichkeit hinauszuweisen.[16]

oft als Eitelkeit ausgelegte) Unbeirrbarkeit, freilich ohne leisere Töne ihren Weg schreitet." Ludwig Feuchtwanger: Franz Oppenheimers Werk, in: *Der Morgen. Monatsschrift der deutschen Juden*, Jg. 10 (1934), H. 1, S. 10–15.

[14] Thomas Schölderle: Geschichte der Utopie, Köln 2017, S. 10 f.

[15] Ebd., S. 17.

[16] So erklärt Durkheim auch die Erscheinung der Offenbarung, die von Zeit zu Zeit „einfach aus Freude am Dasein" aufscheint und die in

Kommen wir zurück zur Tradition der Utopie: Es ist bemerkenswert, dass die Utopien der frühen Neuzeit sich typischerweise an Reiseberichten orientierten und die utopischen Gemeinschaften an einem fernen Ort wähnten (beispielsweise auf einer versteckten Insel wie bei Thomas Morus). Erst im 18. Jahrhundert wurde die Dimension des Raumes durch die Dimension der Zeit ersetzt – man träumte sich von nun an in die Zukunft.[17] Im 19. Jahrhundert und mit den frühsozialistischen Denkern erhielt dieses Bild nochmals einen entscheidenden Dreh, denn die große Fortschritts- und Technikbegeisterung hatte dazu geführt, dass Utopisten zunehmend ihre Entwürfe als verwirklichbar begriffen und deren praktische Umsetzung in Betracht zogen.[18]

Sozialistische Utopien

Die Utopie spielte daher auch bei den frühen Sozialisten eine zentrale Rolle. Henri de Saint-Simon war es, der zwar keinen Roman, aber schon im frühen 19. Jahrhundert „Ideen und Vorstellungen, Vorschläge und Visionen für eine kommende und konfliktfreie Gesellschaft" geliefert hatte.[19] Was kennzeichnete die sozialistischen Zukunftsentwürfe? Die soziale Frage war „zur elementaren Herausforderung" geworden – es stellte sich die drängende Frage, warum die Steigerung der wirtschaftlichen Produktivität und die industrielle Revolution keinerlei Verbesserungen für die schlechter gestellten sozialen Schichten mit sich gebracht hatte. Die alternativen Gesellschaftsentwürfe versprachen daher vor allen Dingen eine „breit angelegte Steigerung des Lebensstandards" und

einer von der Wirklichkeit abgehobenen Sphäre hervorgebracht wird und folglich auch tatsächlich ihren eigenen Gesetzen gehorcht (Émile Durkheim: Die elementaren Formen des religiösen Lebens, Frankfurt a. M. 1981, S. 567).

[17] Schölderle: Geschichte der Utopie, S. 11.

[18] Vgl. Ebd., S. 113.

[19] Ebd., S. 116.

Wohlstand für alle Schichten. Gleichzeitig machten sich die Utopisten über den Sinn der Arbeit Gedanken, sie strebten nach Aufhebung der Entfremdung des Arbeitenden von seinem Arbeitsprodukt (forderten stattdessen die körperliche und geistige Tätigkeit nach Neigung) und wollten damit Arbeit als Ort der menschlichen Selbstverwirklichung etablieren.[20]

Das Hoffen auf die kommende sozialistisch organisierte Gesellschaft wurde schon bald von Aktionismus begleitet und es entstand eine Reihe von lokalen Sozialexperimenten und Genossenschaftsgründungen. So hätten sich nach Schölderle die sozialistischen Denker gerade durch ihr genossenschaftliches Verständnis von den klassischen Utopisten (und deren literarischen Fiktionen) abgegrenzt: „Innerhalb des Utopiediskurses […] stehen alle Frühsozialisten jedoch gemeinsam für die Ausmalung eines alternativen Zukunftsbildes, für einen friedlichen Transformationswillen und für das Vertrauen in die Kräfte der menschlichen Vernunft. Darüber hinaus lassen sich ihre Entwürfe allesamt dem zeitutopischen Muster sowie einer dezentral-genossenschaftlichen Utopievariante zuordnen.“[21]

Der wissenschaftliche Sozialismus in Form des Marxismus leitete die nächste große Veränderung ein. Der Marxismus wollte nämlich gerade nicht mehr als Utopie, sondern als Wissenschaft verstanden werden – war also geradezu utopiekritisch. Indem Geschichte durch die materialistisch-dialektische Methode in ihrer Entwicklung nachvollzogen werden könne (und das Zusammenbrechen des Kapitalismus aus dieser Analyse heraus bevorstehe), könnte der weitere Verlauf der Geschichte auch durch das revolutionäre Proletariat verändert werden. Der wissenschaftliche Sozialismus wollte

---

[20] Vgl. ebd., S. 114.
[21] Ebd., S. 120.

somit keine Aussagen über die Zukunft machen oder sich utopische Bilder einer freien und gerechten Welt ausmalen, sondern er grenzte sich notwendigerweise von den Gedankenexperimenten der utopischen Frühsozialisten ab.[22]

Jedoch erschienen trotz dieser ideologischen Maxime der Marxisten weiterhin literarische sozialistische Utopien, von denen auch Franz Oppenheimer beeindruckt war. Als herausragende Werke sind vor allen Dingen Edward Bellamys *Looking backward: 2000–1887* (1888), William Morris' *News from Nowhere* (1890), Theodor Herzkas *Freiland* (1896) und Theodor Herzls *Altneuland* (1902) zu nennen. Franz Oppenheimer schloss sich um 1890 den Freiländern an[23], begann sich im Rahmen der damit verbundenen neuen Fragestellungen mit nationalökonomischer Theorie zu beschäftigen und entwickelte schließlich in kritischer Auseinandersetzung mit der marxistischen Weltanschauung sowie den genossenschaftlichen und bodenreformerischen Ideen seine eigene soziologische Theorie (die er beispielsweise 1895 in *Freiland in Deutschland* darstellte).

Der Zukunftsroman Oppenheimers

Inspiriert von H. G. Wells' *Zeitmaschine* (1895), die den Protagonisten in Romanen Zukunfts- und Vergangenheitsreisen ermöglichte, und beeinflusst von den oben genannten utopischen Erzählungen, verdichtete Oppenheimer schließlich seine zahlreichen theoretischen Darlegungen im *Sprung über ein Jahrhundert* (1934). In seinem Werk gibt es aus diesem Grund viele (genretypische) Überschneidungen mit klassischen und zeitgenössischen utopischen Romanen. Doch im

---

[22] Ebd., S. 122 f.

[23] Die Freiländer waren eine kleine Bewegung von Anhängern der Freiland-Utopie, die u. a. Geld sammelten, um Expeditionen nach Kenia zu finanzieren, um dort auf freiem Boden eine freie Gesellschaft zu gründen.

Folgenden sollen uns ausschließlich jene Elemente interessieren, die von Oppenheimer erstmals oder originär verwendet wurden. Es sind drei zeithistorische Aspekte auszumachen, die von außerordentlicher Bedeutung sind: erstens die Bedrohung der Welt durch eine Mega-Waffe, zweitens das Europa der Regionen und drittens das „göttliche Fünklein" eines jeden Menschen.

1. Oppenheimer beschreibt eine Situation, in der Frankreich durch die Existenz einer Mega-Waffe dazu genötigt wird, Deutschland „die Bruderhand" zu reichen. Der Erfinder dieser zerstörerischen Bombe zwingt infolgedessen den französischen Staat zum Unterschreiben eines umfassenden Friedensvertrages. Dieser Wissenschaftler, dessen Mission es ist, „den Krieg aus[zu]rotten" und der bestrebt ist, endlich „Europäer und Weltbürger" werden zu dürfen, weiß, dass es hierfür unerlässlich ist, dass „endlich einmal der Sieger sein Schwert zerbricht". Dann, wenn Frankreich den „hochherzigsten Hochmut" beweist, dann soll in späteren Zeiten das Druckmittel des Gelehrten auch keine Rolle spielen und „nie gewesen sein" – so beschreibt Oppenheimer den entscheidenden Moment des Wandels in seinem Roman. Die fiktive Gestalt des Gelehrten würde Oppenheimers Text zufolge im Jahr 1944 den Nobelpreis für die „Zertrümmerung des Atoms" erhalten. Als Vorbild für diesen herausragenden Wissenschaftler, einen „hagere[n], eher kleine[n] Mann von etwa sechzig Jahren, leicht ergrauter Backenbart, auffällig die leuchtenden dunklen Augen und die hohe Stirn", könnte man Oppenheimers Freund Albert Einstein vermuten (nur wäre der Bart altersgemäß auf die Wangen gewandert). Es ist tatsächlich gut möglich, dass Einstein mit Oppenheimer ein Gespräch über die Möglichkeit der Kernspaltung geführt hatte, auch über deren Gefahren und die Energie, die dabei frei werden könnte. Die Kernspaltung wurde zwar erst im Jahr 1938 entdeckt, doch ist es nicht schwer vorstellbar, dass der Entdecker der Relativitätstheorie, der in engem Aus-

tausch mit Kollegen stand, sich auch mit der Möglichkeit der Teilung des kleinsten Dinges auseinandergesetzt hatte.

Welche zerstörerische Wirkung eine solche Bombe tatsächlich haben könnte, verkannte Oppenheimer freilich in seiner Beschreibung der gezielten Zerstörung von Berggipfeln, Kühen und einer Panzerplatte von Krupp – aber mit seiner Formulierung, dass mit diesem „Todesstrahl" aus sicherer Entfernung auch „Millionenarmeen", die „ganze Luftflotte" und die „Marine" zerstört werden könnten, traf er die Tragweite dieser Entwicklung bereits im Ansatz. Was Oppenheimer noch gar nicht in seine Überlegungen einbeziehen konnte, ist dagegen die radioaktive Strahlung, also die gesundheitlichen Langzeitschäden an Mensch und Natur, die sich erst im Jahr 1945 in Hiroshima und Nagasaki folgenschwer darstellten sollte. In Oppenheimers Zukunftsvision war es aber gerade diese Waffe bzw. die Macht dieser Waffe, die in der Hand eines pazifistischen Gelehrten zum Guten und – in der Fiktion des Romans – im Jahr 1946 zur Gründung eines europäischen Bundes führen sollte. Indem Frankreich und Deutschland einen starken Wirtschaftsbund begründeten, dem sich mit der Zeit die restlichen mittel- und osteuropäischen Staaten (das sowjetische Russland wird dabei durch seine Staatsform als problematisch dargestellt) anschließen würden, habe dem Roman zufolge die Abrüstung beginnen können (wobei der „Todesstrahl als Druckmittel und für den schlimmsten Notfall als Kampfmittel" dem entsprechenden Staaten-Bund weiterhin zur Verfügung stehen sollte).

Es ist interessant, dass Oppenheimer in seinem Roman das Wirken eines Individuums als ausschlaggebend für die Zukunft der Menschheit konstruiert. Es widerspricht aber in keiner Weise seiner grundsätzlichen Überzeugung, dass es nicht der Klassenkampf und die gewaltsame Revolution sind, die die Veränderung bewirken, sondern ausschließlich die ökonomischen Verhältnisse. Und die von ihm angestrebten Reformen (wie die Aufhebung der Zollbestimmungen, Wirtschaftsbund, Abrüstung, gerechte Aufteilung der Kolonien) könnten selbstverständlich auch von einem Einzelnen durchgesetzt werden, wenn dieser die politische Macht dazu hätte.

2. Der Zeitreisende Bachmüller schaut sich in Oppenheimers Roman nach seiner Ankunft in der Zukunft zunächst einmal die Welt von oben an.[24] Er beobachtet beim Rundflug, dass die Vorstädte verschwunden und stattdessen überall Gartensiedlungen entstanden sind. Auch nimmt er keine Landesgrenzen mehr wahr, da die meisten mitteleuropäischen Länder zu einem Bund zusammengewachsen sind. Obwohl die Nationen verschwunden, die Grenzen aufgelöst und die Freizügigkeit politisch durchgesetzt sind, würden die alten Traditionen auf regionaler Ebene gepflegt: „in Heimatgeschichte, Dialekt, Tracht, Folklore und Volksfesten". Der Staat wäre in dieser Welt nur noch eine Verwaltungseinheit, die keine Aufgaben mehr habe, da ja der Grenzschutz wegfalle. „Die Souveränität liegt bei den unteren Gliedern", und die „Gemeinden, Gaue, Provinzen" seien es, die die Anregungen und Vorschläge für die Beratungen der großen „Kammern von Sachverständigen" machen, die jedoch allein technischer Natur sind. Denn „Grenzfragen, Sprachenfragen, Prestigefragen und vor allem Zollfragen" hätten sich im neuen Europa erledigt. Die Völkerverständigung laufe hauptsächlich über die Sprachkenntnisse, denn mit der Abschaffung der nationalen Grenzen hätten sich die Einflussgebiete aller Sprachen erweitert: „Also sprechen viel mehr Menschen als früher deutsch und doch viel mehr Menschen als früher polnisch. Wer nur einsprachig ist, ist wirtschaftlich benachteiligt." Nach Oppenheimer würden die verschiedenen Völker

---

[24] Franz Oppenheimer hatte eine besondere Beziehung zum „Fliegen"; er war mit dem Sozialreformer Gustav Lilienthal befreundet und hatte daher auch eine direkte Verbindung zu dessen Bruder, dem Flugpionier Otto Lilienthal.

mit ihren Traditionen aber bestehen bleiben, und alle dürften, egal wo sie lebten, „ihre Sprache und Eigenart […] pflegen".

Das hier skizzierte „Europa der Regionen", wie man Oppenheimers Darstellung mit Blick auf gegenwärtig diskutierte Ansätze nennen könnte, atmet gleichwohl auch den damaligen Zeitgeist. So waren Traditionspflege und der Volkstumsgedanke auch bei Nationalisten anschlussfähig. Oppenheimer war es jedoch nicht um Volkstümelei oder gar Blut-und-Boden-Gedanken gegangen; vielmehr war er tatsächlich davon überzeugt, dass die Differenzen und die Vielfalt der Menschen dasjenige Element seien, das den „Weltschatz der Menschheit" und somit die Grundlage für eine friedliche und schöpferische Zukunft bildet.

Albert Einstein, von dem sich Oppenheimer Zuspruch und Hilfe bei der Verbreitung seines Zukunftsromans auch in den USA erwartet hatte, reagierte aber gerade auf diese Passagen ungehalten. Oppenheimer hatte ihm das Werk am 19. Januar 1935 mit folgenden Worten gesandt: „Seelisch leide ich daran, dass ich in Deutschland weder in Wort noch Schrift für meine Gedanken eintreten kann, und gerade jetzt, wo ich mein großes Lebenswerk abgeschlossen habe und den Auftrag von oben fühle, den letzten Rest meiner Kraft der Propaganda zu widmen. […] Ich lasse Ihnen durch meinen Berner Verleger ein kleines Büchlein zugehen, ‚Sprung über ein Jahrhundert', dessen Verfasser angeblich ein gewisser Pelton ist. Ich überlasse es Ihnen zu erraten, wer es wirklich geschrieben hat. Dieser Anonymus hatte die besten Gründe, sich zu verstecken, und ich bitte Sie, auch Ihrerseits die Verschwiegenheit zu wahren."[25]

Albert Einstein antwortete jedoch geradezu ablehnend auf das Buch – wohl wissend, um wessen Werk es sich handelte: „Ich habe Ihr Buch genau gelesen mit dem Vorsatz, bestimmt

---

[25] Albert Einstein-Archiv Jerusalem, Nr. 51, 313, S. 1 f.

ein Geleitwort zu schreiben. Aber beim Lesen wurde mir bald klar, dass mir dies einfach unmoeglich ist. […] Abgesehen davon geht mir auch die Deutschtuemelei arg gegen den Strich. Ich muss mich wundern, dass ein Jude in der heutigen Zeit (und ueberhaupt) so schreiben kann – ins Blonde verliebt, wie ein witziger Goj es genannt hat. Das philosophische Glockengebimmel im letzten Kapitel schmeckt mir auch so unangenehm deutsch, es passt gar nicht zu einem klaren und nuechternen Geist wie dem Ihrigen. So etwas wird auch jeder Amerikaner grauslich finden."[26]

3. Im letzten Kapitel unternimmt Oppenheimer eine ungewöhnliche philosophisch-theologische Überlegung. Er diskutiert unter Einbezug der christlichen Mystiker des Mittelalters die Frage des Göttlichen. Gegen jeden letzten Zweifel an der Utopie lässt Oppenheimer im Schlusskapitel des Romans die Figur Bur Schulthess den Mystiker Meister Eckhart zitieren. Es handelt sich dabei um Eckharts Begriff des „Seelengrunds", bzw. Gottes Funken. Dieses Fünklein sei letztendlich „mächtiger […] als alle Selbstsucht", da es selbst ein Teil des unveränderbaren Göttlichen sei, und in jedes Menschen Seele schlummere. Aufbauend auf dieser Form des (säkularisierten) Glaubens spricht die Romanfigur von der Notwendigkeit der Gewalt in den vergangenen Zeiten, aber auch davon, dass der gewalttätige Mensch sich stets für sein Tun vor sich selbst zu „rechtfertigen" hatte. Doch die Menschheit habe „ihren langsamen Fortschritt" durch das

---

[26] Ebd., Nr. 51, 315. Zur Ehrenrettung Oppenheimers muss hier ergänzt werden, dass sich Albert Einstein zu diesem Zeitpunkt bereits in den sicheren USA befand, während Oppenheimer selbst in jenen Jahren gemeinsam mit seiner Tochter zwar so oft wie möglich Deutschland den Rücken kehrte und im Ausland weilte, er jedoch finanziell von seiner Pension abhängig war. Er musste daher immer wieder nach Deutschland zurückkehren, auch wenn sich die Lage vor Ort stets verschlechterte. Oppenheimer kämpfte also innerhalb der widrigen Verhältnisse und versuchte dennoch sein Ideal zu entwickeln.

untergründige Gewissen weiterverfolgt – ein Gewissen, das als göttlicher Funke stets und in jedem vorhanden sei und auf geradezu natürliche Weise auf sein Ziel, die Erlösung der Menschheit, hinstrebe. Die Geschichte würde Zeugnis von diesem göttlichen Plan ablegen, indem sie nach der Aufhebung der Sklaverei und des feudalen Unrechts sowie über den Umweg des Kapitalismus die Menschheit schließlich in die Lage versetze, dass „Wissen und Gewissen" zusammenfinden. „Denn jetzt zum erstenmal wird der Glaube durch die Wissenschaft bestätigt. Was die Liebe, der Gott in uns, fordert, hat die Erkenntnis als die höchste praktische Weisheit erkannt."

Das von Einstein monierte „philosophische Glockengebimmel" ist tatsächlich voller Pathos, beinhaltet aber gleichzeitig viele der auch wissenschaftlichen Überzeugungen Oppenheimers. Er verleugnet sich hierin auch nicht oder biedert sich etwa dem allgemeinen Geiste der Zeit an – nein, er findet durch die Verwendung der Fünklein-Metapher eine gute Möglichkeit, seine Überzeugungen in verständlicher Form darzustellen. Die literarische Form schien für Oppenheimer nach universellen Argumentationen zu verlangen und ein Bekenntnis auch zu jenen Anschauungen und Hoffnungen zu erlauben, die er als Wissenschaftler niemals öffentlich vertreten hätte. Das Kapitel über „Das Fünklein" demonstriert ferner erneut Oppenheimers eklektische Umgangsweise mit Texten aus den unterschiedlichsten Religionen, Kulturen, politischen und philosophischen Perspektiven. Die Besonderheit, die Oppenheimers Denken in jenem Kapitel auszeichnet, ist das harmonische geistige Miteinander von Sozialismus und religiöser Gläubigkeit. Dabei rekurriert Oppenheimer auf ein eigenwilliges und zweckorientiert ethisches Religionsverständnis. Und auch wenn er davon spricht, dass dann endlich alle Menschen „wirklich Christen sein können und dürfen", so scheint er damit nicht auf das Christentum abzustellen, sondern eher eine Gleichwertigkeit, die Anerkennung und den Austausch der Religionen untereinander anzustreben. Es soll der allen gemeinsame Glaube vorherrschen, dass zwischen den Menschen und in der Liebe Gott wirklich „ist" oder wird. Teleologisch gesehen waren dann alle Umwege der Weltgeschichte nur Teil dieser Vervollkommnung, dieses Ankommens des Menschen bei sich selbst und somit bei seinen Mitmenschen.

Zusammenfassend lässt sich Franz Oppenheimers Roman geistesgeschichtlich dem säkularisierten Messianismus zurechnen. Es wird darin deutlich, dass er sowohl von seiner jüdischen Herkunft als auch von der christlichen Kultur beeinflusst ist und diese kulturell zusammenführt. Oppenheimer hatte die große Hoffnung, dass die Geschichte sich auf ihr erlösendes Ende hinbewege und dass das Reich Gottes auf Erden herstellbar sei. „Alle Wirklichkeit ist die Utopie von gestern", so Oppenheimers Appell und er stellt damit klar, dass die Menschen der neuen Zeit und auch er als Wissenschaftler „alles für möglich [halten], was nicht offensichtlich gegen die Naturgesetze" verstoße.

Franz Oppenheimer suchte seit Anfang der 1930er-Jahre nach Wegen, um sich dem neuen „Faszismus" und den „Herren vom Hakenkreuz" entgegenzustellen – doch diese, so schreibt er, besaßen ja keinerlei Theorie. Ja, „[s]ie leugnen die Logik und die Ethik überhaupt". Wie konnte ein Wissenschaftler, der vom besseren Argument überzeugt war, auf Demagogie überhaupt sinnvoll reagieren?

Der aggressive Antisemitismus, der Autoritarismus und der übersteigerte Nationalismus, die mit dem Erstarken der Nationalsozialisten einhergingen, wurzelten Oppenheimers Analyse nach zunächst in der Unzufriedenheit der Mehrheit mit dem herrschenden ökonomischen System.[27] So betrach-

---

[27] Oppenheimer konnte die Ergebnisse der Reichstagswahlen 1931 noch immer mit der guten Hoffnung verknüpfen, dass sich darin eine antikapitalistische Mehrheit zu Wort gemeldet habe, die jedoch bislang

tete er die Ungleichheit der Besitzverhältnisse auf dem Land weiterhin als das ausschlaggebende Moment. Seit den 1920er-Jahren bezeichnete er sein Programm als „Innere Kolonisation", womit er nach wie vor sein Konzept der genossenschaftlichen Anteilswirtschaft vertrat. Wenn die ökonomische Sphäre nicht mehr in Grundbesitzer und Besitzlose aufgeteilt wäre und wenn jeder Mensch seine eigene „Scholle" besäße, würden die Arbeiter nicht mehr untereinander konkurrieren müssen und der Mehrwert des Unternehmers würde von allein verschwinden. Die vom Monopol befreite Wirtschaft würde schließlich den Gesetzen der wirklich freien Konkurrenz folgen: Die Menschen würden nach Neigung arbeiten, nach Leistungsprinzip entlohnt, sie hätten genug Zeit für Künste und Wissenschaft, und selbstverständlich würde niemand, der zu eigener Arbeit nicht fähig ist und Hilfe braucht, ausgegrenzt werden.

Franz Oppenheimer fand in der Romanform „eine durch politische Umstände aufgezwungene Alternative"[28] zu seiner herkömmlichen soziologischen Vorgehensweise. Das Herausragende an dem hier vorliegenden Text ist somit, dass Oppenheimer hier erstmals seine Vorstellung vom sozialistischen und genossenschaftlich organisierten Leben bildhaft darstellte und somit seine Theorie in Symbole, Landschaften und Menschen übersetzte. Oppenheimer hat damit eine politische Utopie gegen Unterdrückung, Ungleichheit und Ungerechtigkeit geschaffen, die – wie jede Utopie – zuallererst sein eigenes Umfeld reflektiert: Er bezieht die politische Lage, die Geographie sowie die sozio-kulturellen Bedingungen der

---

noch dem falschen Feindbild hinterherlaufe: „Noch schlagen sie zornig auf den jüdischen Sack, aber sie meinen den kapitalistischen Esel" (vgl. Oppenheimer: Zur Weltlage der Juden im 20. Jahrhundert).

[28] Dieter Haselbach: Franz Oppenheimer. Soziologie, Geschichtsphilosophie und Politik des ‚liberalen Sozialismus', Opladen 1985, S. 180.

1930er-Jahre in Deutschland in seine Überlegungen ein und formt sie in seinem Sinne um.

Der Roman hat aufgrund seines weitreichenden Anspruchs seine Stärken und Schwächen. Negativ fällt dabei zunächst auf, dass die Oppenheimersche Utopie zu sehr dem Kriterium der Machbarkeit unterliegt[29], wobei im Falle einer Zukunftsutopie ja gerade nicht die Wirklichkeit, sondern die Fantasie die Qualität eines Werkes ausmacht. Diese Machbarkeit oder Umsetzbarkeit seiner Ideen fällt aber gleichzeitig positiv auf, da ein Teil seines Entwurfs, selbstverständlich in abgeschwächter Form und ohne seine radikalen und teilweise anarchistischen Anteile, in der späteren Bundesrepublik die Grundlage für die Realisierung der sozialen Marktwirtschaft bildete. Dies nicht ohne Grund, war doch der die Wiederaufbau-Ära der Bundesrepublik prägende Wirtschaftsminister und spätere Bundeskanzler der Bundesrepublik Deutschland Ludwig Erhard einer von Oppenheimers Frankfurter Studenten gewesen. Man könnte also auch zu dem Schluss gelangen, dass Oppenheimer ein harmonischer Ausgleich von den frühsozialistischen Utopien und dem wissenschaftlichen Sozialismus, von Fiktion und Wirklichkeit, gelingt. Allzu klar wird aber, dass er beispielsweise zur Frage der Gleichberechtigung der Geschlechter nichts Wesentliches beizutragen hatte.[30] Auch ein Bewusstsein von den mit ungebremstem wirtschaftlichen Wachstum zusammenhängenden Folgen für die Umwelt war noch nicht entwickelt, Jahrzehnte vor dem sichtbarer werdenden Klimawandel – weshalb für Oppenheimer ein Auto für jedermann eine positive Entwicklung

---

[29] Vgl. Die „Utopie" als Thatsache, in: *Zeitschrift für Socialwissenschaft*, Jg. 2 (1899), S. 190–202.

[30] Immerhin erwähnt er die Vorteile der Bauhaus-Küche und betont überdies die Idee der Lustarbeit für alle. Die Gleichberechtigung der Geschlechter im öffentlichen Leben war zu jenem Zeitpunkt noch ein marginalisiertes Thema.

darstellte. Aus heutiger Sicht gleichermaßen befremdlich ist des Weiteren die affirmative Haltung des Autors in der Kolonialfrage.

Oppenheimers Roman legt aber vor allen Dingen Zeugnis davon ab, dass in den 1920er-Jahren und auch noch zu Beginn der 1930er-Jahre andere Entwicklungen denkbar waren! Und somit ist und bleibt der *Sprung über ein Jahrhundert* eine Warnung vor extremem Nationalismus, Diktatur und Imperialismus (in Oppenheimers Worten die gefährliche Trias von „Absolutismus, Nationalismus und Kapitalismus"[31]). Der Roman stellt somit einen zeitlosen Aufruf dar, sich der Barbarei entgegenzustellen, und vor allen Dingen ist er ein Plädoyer dafür, sich auch weiterhin an der Durchsetzung eines liberaldemokratischen Sozialismus und an genossenschaftlichen Strukturen zu beteiligen. Ökonomischer Wandel kann erst entstehen, wenn die Menschen sich dazu entschließen, durch eigenes Wirtschaften und Selbsthilfe die Herrschaftsinstrumente und letztendlich den Staat obsolet werden zu lassen. Somit sei, wie es René König einmal formuliert hat, „aus der Marxschen Unheilsphilosophie [...] bei Franz Oppenheimer eine Art von umgekehrter Utopie" geworden, indem dieser „den Gesellschaftsvertrag nicht an den Anfang, sondern an das Ende aller Geschichte verlegt als freie Assoziation der Menschen aus dem Gesetz der Vernunft"[32].

---

[31] Franz Oppenheimer: Staat und Nationalismus, in: *Der Morgen. Monatsschrift der deutschen Juden*, Jg. 8 (1933), H. 6, S. 440.

[32] René König: Die Juden und die Soziologie, in: Ders.: Studien zur Soziologie. Thema mit Variationen, Frankfurt a. M./Hamburg 1971, S. 130.

Der Autor

Franz Oppenheimer, geboren 1864 in Berlin, verstorben 1943 in Los Angeles, war zunächst Arzt in einem Armenviertel in Berlin. Seit den 1890er-Jahren interessierte er sich für soziologische Phänomene und schrieb sozialpolitische Beiträge unter anderem für die *Welt am Montag*, deren Chefredakteur er wurde. 1909 war er Mitbegründer der Deutschen Gesellschaft für Soziologie in Berlin; im selben Jahr habilitierte er sich. Bis 1917 arbeitete er als Privatdozent in Berlin, war danach Titularprofessor, bis er 1919 – als Erster – dem Ruf auf den gestifteten Lehrstuhl für Soziologie und theoretische Nationalökonomie an die Johann Wolfgang Goethe-Universität in Frankfurt am Main folgte.

Nach einer Lehrtätigkeit in Palästina 1934/35 flüchtete er 1938 zunächst nach Japan, wo er einen Lehrauftrag an der Universität Tokio erhielt, und 1940 mit seiner Tochter Renata über Shanghai in die USA.

Oppenheimers Thesen über den Staat sowie seine unermüdlichen Versuche, die Methoden der naturwissenschaftlichen Forschung auf die Sozial- und Wirtschaftswissenschaften anzuwenden, Zusammenhänge auf der Basis immer gleicher sozialer Gesetzmäßigkeiten zu erkennen, fanden weltweit Beachtung.

Franz Oppenheimer zählt mit seinen Werken ohne Zweifel zu den Vordenkern der Sozialen Marktwirtschaft.

Die Idee zu einem utopischen Roman hatte Franz Oppenheimer schon geraume Zeit vor dessen Realisierung 1934. Es war ihm ein Bedürfnis, seine sozialpolitischen Gedanken und Thesen allgemeinverständlich zu formulieren, und die Romanform schien ihm dafür besonders geeignet. Oppenheimers Enkelsohn Frank Lenart erfuhr von seiner Mutter Renata, dass sie die erste Adressatin des Romans gewesen sein soll.

Das Pseudonym, dessen sich Franz Oppenheimer für seinen Roman bediente, leitet sich vermutlich von zwei Ingenieuren des 19. Jahrhunderts ab: James B. Francis und Lester A. Pelton. Schlüssig wäre auch eine etwas familiärer bedingte Erklärung: Oppenheimer war in zweiter Ehe mit der Amerikanerin Mathilda Hanna Horn, geborene Holl (1879–1921), verheiratet, deren Mutter Ellen Eliza Holl eine geborene Pelton war. Oppenheimer versuchte womöglich, mit den Namen Pelton und Holl seiner verstorbenen Frau zu gedenken, denn als – fiktiver – Übersetzer des Romans, den Oppenheimer auf Deutsch verfasst haben dürfte, ist ein Robert Holl angegeben.

Die Herausgeberin

Claudia Willms, 1981 geboren, wurde nach dem Studium der Kulturanthropologie, Soziologie und Historischen Ethnologie 2012 wissenschaftliche Mitarbeiterin am Institut für Soziologie an der Johann Wolfgang Goethe-Universität Frankfurt am Main. Zuvor war sie als wissenschaftliche Mitarbeiterin an dem von der Fritz Thyssen Stiftung geförderten Projekt „Leben und Werk Franz Oppenheimers (1864–1943)" tätig und für die umfassenden internationalen Archivrecherchen in diesem Projekt verantwortlich.

Gemeinsam mit Prof. Dr. Klaus Lichtblau kuratierte sie 2014 die Foto-Ausstellung *Liberaler Sozialist, Zionist, Utopist: Der Soziologe und Nationalökonom Franz Oppenheimer*.

2017 wurde sie zur Frage der deutsch-jüdischen Identitätskonstruktion um die Jahrhundertwende am Beispiel des Lebensweges von Franz Oppenheimer promoviert.